Les Khmers
à l'ère de l'hindouisme
(50-1336 apr. J.-C.)

Recherches Asiatiques
Collection dirigée par Philippe Delalande

Dernières parutions

Linda AÏNOUCHE, *Le don chez les Jaïns en Inde*, 2012.
Quang DANG VU, *Histoire de la Chine antique, tome 1 et 2,* 2011.
Yumiko TAKEHARA YAMADA, *Japon et Russie : histoire d'un conflit de frontière aux îles Kouriles*, 2011.
Guy BOIRON, *La Grande Muraille de Chine. Histoire et évolution d'un symbole*, 2011.
Prince Mangkra SOUVANNAPHOUMA, *Laos. Autopsie d'une monarchie assassinée*, 2010
Marguerite GUYON DE CHEMILLY, *Asie du Sud-Est. La décolonisation britannique et française*, 2010.
Joëlle WEEKS, *Représentations européennes de l'Inde du XVIIe au XIXe siècle*, 2009
Hélène PORTIER, *Les missionnaires catholiques en Inde au XIXe siècle*, 2009.
Denis HOCQUET, *BHUTTO DU PAKISTAN, Vie et martyre d'un Combattant de la Liberté*, 2009.
Michel PENSEREAU, *Le Japon entre ouverture et repli à travers l'histoire*, 2009.
Toan THACH, *Histoire des Khmers ou l'odyssée du peuple cambodgien*, 2009.
Stéphane GUILLAUME, *La question du Tibet en droit international*, 2008.
Yves LE JARIEL, *Phan Boi Chau (1867-1940). Le nationalisme vietnamien avant Ho Chi Minh*, 2008.
NÂRÂYANA, *Le Hitopadesha. Recueil de contes de l'Inde ancienne*, 2008.
Michel BOIVIN (dir.), *Les ismaéliens d'Asie du sud*, 2008.
Michel NAUMANN et Fabien CHARTIER, *La Guerre d'indépendance de l'Inde 1857-1858*, 2008.
Cyril BERTHOD, *La Partition du Bengale*, 2008.
Jean-Marie THIEBAUD, *La Présence française au Japon, du XVIe siècle à nos jours*, 2008.

THACH TOAN

Les Khmers à l'ère de l'hindouisme

(50-1336 apr. J.-C.)

Les secrets d'Angkor

Du même auteur

1. *Histoire des Khmers : L'Odyssée du peuple cambodgien,*
   éditions L'Harmattan, Collection Recherches Asiatiques,
   Paris, 2009 (158 pages)
   ISBN : 978-2-296-07365-4

2. *Pravoatsastr Pracheacheat khmer: History of the Khmer
   People,* Editions Angkor, Phnom Penh, Cambodge, 2010
   (247 pages)
   ISBN : 13 : 978-99950-2-114-6

Photographie de couverture de l'auteur : *Un défilé de l'armée khmère du XIIe siècle*, bas-relief d'Angkor Vat.

© L'Harmattan, 2012
5-7, rue de l'Ecole-Polytechnique, 75005 Paris

http://www.librairieharmattan.com
diffusion.harmattan@wanadoo.fr
harmattan1@wanadoo.fr

ISBN : 978-2-296-99046-3
EAN : 9782296990463

A mon épouse **SOTH Sophany**

  mes petites filles

    Cécilia Devi
    Joy Sûrya

Et tous les miens

« L'Histoire d'un Pays est l'âme de son Peuple »

Thach Toan

AVERTISSEMENT

Les Cambodgiens se désignent sous le nom de Khmers. Leur Pays s'appelle Srok khmer qui veut dire le Pays khmer ou Pays des Khmers au lieu de Cambodge donné par les Français. Ils désignent souvent leur Pays par Maha Nokor khmer qui veut dire le Grand Pays khmer.

Dans ce livre nous garderons les termes utilisés par les Khmers c'est-à-dire au lieu de Cambodge nous écrivons : Srok khmer, Pays khmer, Maha Nokor khmer ou le Grand Pays khmer.

* * * * *

AVANT-PROPOS

L'Histoire du peuple khmer est entièrement déterminée par sa religion. De l'an 50 jusqu'à l'an 1336 après Jésus Christ, la religion des Khmers était l'hindouisme. C'était l'ère de l'Hindouisme. Depuis l'an 1336 jusqu'à nos jours, cette religion est le bouddhisme du Petit Véhicule ou bouddhisme du Theravada.

Lorsque les Français sont arrivés au Pays khmer, dans cette deuxième moitié du XIXè siècle, ils trouvèrent un peuple khmer bien doux et très sympathique mais en pleine voie de déliquescence, avec une monarchie au pouvoir absolu plutôt archaïque. En explorant plus sérieusement ils ont découvert les ruines des centaines de monuments en pierre et en brique, tous complètement abandonnés mais absolument admirables tant sur le plan de l'art que de l'architecture. Les plus importants de ces monuments constituent un groupe que l'on appellera plus tard les « Monuments d'Angkor ». Aucun khmer à cette époque, même au plus haut niveau de l'Etat, n'a pu donner une explication à ces vestiges qui deviennent alors pour certains une sorte d'énigme ou de mystère. On parle alors des « Mystères d'Angkor » ou aussi des « Secrets d'Angkor » !

Après un siècle de recherches, de fouilles et d'études savantes, on a obtenu de magnifiques résultats sur le plan archéologique, avec cette réserve bien importante à savoir l'ignorance presque totale que l'on a sur la motivation des constructeurs, sur le sens et la destination de ces monuments. Tout le monde parle alors de Temples d'Angkor et parfois aussi des Mausolées.

Sur le plan de l'Histoire proprement dite des Khmers de cette époque de l'Hindouisme, la reconstitution certes combien difficile donne des résultats cohérents dans sa chronologie et dans ses faits globaux. Mais ici aussi, il existe une ignorance sur les rois khmers et par voie de conséquence, une mauvaise compréhension de leurs actions et de leurs œuvres. Pendant plus d'un siècle et même encore aujourd'hui, à la suite de cette reconstitution historique dont l'Ecole Française d'Extrême Orient (EFEO) est le « maître d'oeuvre », les jeunes Khmers apprennent à l'école que leur première reine de l'Histoire s'appelait « Liv-Yi », que leur pays s'appelait le « Fu Nan » ou « Royaume de la Montagne » ou encore le « Chen La ». Ils apprennent que leurs rois se prenaient pour des dieux avec leur titre de Devarâja ou Dieu-Roi, qu'ils étaient généralement des mégalomanes avides de pouvoir et de gloire et « qu'ils asseyaient leur opulence et celle de leur dieux sur l'esclavage de centaines de milliers de prisonniers de guerre et des paysans » (A. Dauphin-Meunier, 1961, p. 40). Ils apprennent aussi que « la folie de construction des monuments de leurs rois finit par saigner à blanc tout un peuple » (H. Marchal, 1955, p. 86) et « laisser le pays épuisé et sans ressort contre les attaques de ses voisins » (G. Coedès, 1949, p. 208), d'où aussi leur décadence irrémédiable et définitive. Evidemment tout cela est faux ou tout au moins une très grande erreur qui n'est pas sans conséquences sur la nation khmère. Alain Forest (1992, p. 6) écrivait : « on n'a jamais vu un peuple aussi méprisé à travers le monde que le peuple khmer » ! Cela justement est le résultat de leur « Histoire » que l'on a écrite pour eux.

Ecrire l'Histoire n'est pas inventer des histoires ! Ecrire l'Histoire c'est rapporter les faits avec exactitude et rigueur. Will Durant (1962, p. 430) disait : « nous (les Européens) commettons une injustice envers les peuples étrangers lorsque nous les jugeons d'après des normes ou des préjugés qui sont les nôtres et qui ne sauraient être les leurs ». Dans cet ouvrage intitulé « Les Khmers à l'ère de l'Hindouisme » nous nous proposons de donner une vue d'ensemble sur la « civilisation khmère » de cette époque, car il s'agit bien d'une vraie civilisation. On pourra ainsi comprendre la signification de ces monuments d'Angkor, comprendre aussi leur sens et leur destination. On pourra comprendre la motivation réelle des rois d'Angkor qui étaient très loin d'être des mégalomanes égocentriques. Ces rois avaient effectivement des devoirs et ils obéissaient à des règles bien définies. On s'apercevra de l'importance de cette culture qui était venue de l'Inde mais qui était néanmoins très brillante chez les Khmers avec leurs écoles, leurs universités, leurs bibliothèques, leurs hôpitaux, etc. On connaîtra enfin les causes de la disparition de cette civilisation, causes provenant d'une guerre de religion entre Khmers, avec d'un côté, les brahmanistes et les bouddhistes du mahayana, et de l'autre côté les bouddhistes du Theravada ou Petit Véhicule et non pas d'une hypothétique inondation à Angkor de Georges Coedès (1949, p.134), idée bien malheureuse reprise bien malheureusement aussi par de nombreux auteurs à travers le monde.

CHAPITRE 1

LES KHMERS ET L'INDE

Le Pays khmer était-il une colonie indienne ?

Pendant treize siècles, de l'an 50 à l'an 1336 après Jésus Christ, les Khmers vivaient avec une culture entièrement indienne. Cette culture leur est, en fait, totalement étrangère. L'homme qui a introduit celle-ci sur la terre khmère s'appelle **Houen T'ien** ou Hun Tien. D'après les légendes rapportées dans les annales dynastiques impériales chinoises, celui-ci était venu de l'Inde. Toutefois il pourrait bien être venu aussi de la Malaisie ou Javadvipa qui avait une frontière commune avec le Pays khmer, ou de Java appelé Lankasuka, car toutes ces terres étaient à cette époque des terres hindoues et faisaient partie intégrante du « monde hindou ». Au XVIIè et XVIIIè siècles, les Hollandais ont appelé aussi ces terres « les Indes néerlandaises ». Le fait de dire que Hun Tien était venu de l'Inde est donc parfaitement exact. Hun Tien a combattu la reine khmère de l'époque que le peuple khmer appelait « **Yeay Liv** » (Liv Yi pour les Français) en livrant notamment une grande bataille navale. Vainqueur de la reine khmère, il se fit couronner roi du Pays khmer sous le nom de **Kaundinya**. Pour ne pas trop heurter la tradition matriarcale du peuple khmer, il prit alors la reine comme épouse et celle-ci devint en même temps, sous le nouveau nom de **Somà**, la fondatrice de la nouvelle dynastie royale khmère appelée le « **Somàwamçà** » c'est-à-dire de la race de Somà (wamçà = race).

On peut se demander comment était la société khmère avant l'arrivée de Hun Tien. G. Coedès[1] écrivait que « les Khmers étaient alors des Phnongs c'est-à-dire des sauvages, des gens qui étaient restés au stade de l'organisation tribale, qui règlent leurs différends en suivant une coutume orale, qui n'ont pour religion qu'un animisme assez grossier et qui ne possèdent pas de caractères pour écrire leur langue, etc ». Ces affirmations ne sont pas exactes car les Khmers à cette époque étaient déjà un peuple évolué et organisé. Ils avaient leur langage qu'ils utilisent encore aujourd'hui, leur écriture que l'on appelle plus tard le « vieux khmer », leur croyance ou « religion » qui est le culte de la Mère et du Père ou culte du « Mé-Ba » et le respect des Neak Tà ou « esprits » habitant dans les arbres ou dans les montagnes. Ils ont hérité toutes ces traditions de leurs ancêtres le **peuple munda**, premier habitant du continent indien et cela depuis plusieurs millénaires. Les Khmers actuels, partout où ils se trouvent, gardent toujours dans le fond d'eux-mêmes et pour leur famille cette culture. Bien curieusement, aujourd'hui encore, aucun Occidental ne connaît cette « religion originelle » des Khmers qui est pourtant présente et visible partout dans le Pays khmer[2].

---

[1] Georges Coedès, *Les Etats hindouisés d'Indochine et d'Indonésie*, Ed. De Boccard, Paris, 1989 (1ère éd. 1948), p. 4.

[2] Pays khmer : Les Khmers appellent leur Pays « Srok khmer = ស្រុកខ្មែរ » ou Pays khmer qui signifie très exactement le Pays des Khmers.

Roi du Pays khmer, Hun Tien transforma le royaume khmer en un royaume hindou. Le brahmanisme, religion hindoue, devint la religion officielle du nouveau royaume. Il est vrai que Hun Tien lui-même était un brahmane[3]. Comme tous les royaumes brahmaniques, le nouveau royaume khmer fut un Etat religieux quasi-théocratique où tout émane de la religion et où tout est organisé par la religion et autour de la religion. La « Bible » du brahmanisme appelée le **Veda** était elle-même la « **Constitution** » du pays. En effet, le brahmanisme s'occupe aussi bien du domaine spirituel que du domaine temporel. En cela il diffère de toutes les autres religions dans le monde comme par exemple le bouddhisme et le christianisme qui ne s'occupent que du domaine spirituel c'est-à-dire de l'individu, de son âme et du devenir de l'âme, autrement dit de la vie après la mort. Comme en Inde et conformément au Veda (Bhagavad-Gîtâ, IV, 13) la société khmère était alors divisée en quatre castes : les brahmanes, les ksatriyas, les vaisyas et les sûdras.

Les brahmanes sont au premier rang dans la société. En tant que prêtres ils sont des intermédiaires, obligatoires et rémunérés entre les citoyens et Dieu. Ils sont chargés de l'Enseignement c'est-à-dire de l'éducation de la jeunesse. Très cultivés eux-mêmes, ce rôle leur donne au fil des temps un prestige, une richesse et une influence politique considérables. Au Pays khmer hindouisé, tous les brahmanes étaient des Hindous ou d'origine hindoue car selon le Veda « on n'est brahmane que si on est né brahmane » et comme aucun Khmer n'a été brahmane, il n'y avait aucun brahmane khmer non plus. Cependant avec le temps, car cela a duré quand même treize siècles, les mariages mixtes d'un brahmane hindou avec une princesse khmère ont donné aussi naissance à des générations de brahmanes de sang khmer. Il existait par ailleurs un courant continu de brahmanes hindous venus de l'Inde et cela n'a cessé qu'avec la disparition du brahmanisme au Pays khmer. On retient encore les noms de

---

[3] Ne pas confondre ces mots : Brahman = Dieu ou Ame suprême Brahmane = prêtre brahmanique ; Brahmâ = un des trois dieux de la Trimurti brahmanique avec Visnu et Siva.

quelques-uns d'entre eux, souvent parce qu'ils ont occupé des hautes fonctions dans le royaume et ils ont alors laissé des traces de leur vie dans les inscriptions commémoratives. On peut citer par exemple avec B. Dagens[4] le brahmane Durgàsvàmin originaire du Deccan devenu gendre du roi Isànavarman Ier (615-637), le brahmane Sakravàmin né dans le Madhyadesa, gendre de Jayavarman Ier (657-680), le brahmane Hrishikeçà venant des bords du fleuve Yamuna devenu le **preah guru** ou saint maître et **purohit** ou chapelain du grand roi Jayavarman VII (1181-1221).

Au deuxième rang dans la société, c'est la classe des Ksatriyas qui signifient « guerriers ». Elle correspond à la classe de la Noblesse en France. Le roi est le premier représentant de cette classe. Leurs rôles sont très bien définis par le Veda : ils doivent protéger le peuple, défendre leur pays et faire des dons aux brahmanes. Les rois khmers depuis Kaundinya étaient tous hindous ou d'ascendance hindoue. Comme les rois avaient plusieurs épouses généralement khmères sinon toutes, la famille royale khmère tendait avec le temps à avoir aussi de plus en plus de princes et princesses de sang khmer.

Les vaisyas forment la classe des agents économiques. Ils comprennent les agriculteurs, les commerçants et les artisans. Enfin les sûdras, mot qui veut dire « au service des autres », sont des esclaves et ils sont évidemment au service des trois classes précédentes. Au Pays khmer cette classe des sûdras n'avait pas la même ampleur qu'en Inde. C'étaient des Khmers autochtones qui composaient ces deux dernières catégories sociales.

La langue officielle du pays depuis Kaundinya était le **sanscrit** qui est une langue hindoue, langue étrangère pour les Khmers. L'enseignement se faisait en sanscrit. Tous les écrits, tous les livres ou sûtras étaient en sanscrit même à des époques où le bouddhisme mahayana était la religion officielle du roi,

---

[4] Bruno Dagens, *Les Khmers*, Ed. Les belles lettres, Paris, 2005, p. 82.

car le sanscrit est aussi la langue du bouddhisme mahayana contrairement au bouddhisme hinayana qui utilise le **pâli** comme langue sacrée. Le peuple khmer continuait à parler khmer mais toutes les démarches administratives à quelque niveau que ce soit étaient faites en sanscrit.

Une particularité de la religion brahmanique est sa tolérance et c'est ainsi que le peuple khmer, tout en vivant avec une culture indienne, pouvait continuer à croire à ses propres croyances, à pratiquer le culte du Mé-Ba symbolisé par **Néang Kâng Hing** et **le Crocodile**, à respecter aussi ses **Néak Tà**. C'est le bouddhisme theravada qui a détruit au 14è siècle ce culte originel des Khmers en ramenant néang Kâng Hing au rang d'une divinité secondaire au service de Bouddha et en faisant du Crocodile un ignoble traître et un ingrat.

Certains pensent que le Pays khmer était colonisé par l'Inde, que le Pays khmer était une colonie indienne. « Les Khmers doivent tout à l'Inde » disait G. Coedès, autrement dit c'était l'Inde qui avait tout fait pour les Khmers. Il est vrai que les Occidentaux venant des pays généralement colonisateurs avaient du mal à imaginer autre chose qu'une simple colonisation. Il est vrai aussi que le Pays khmer fut colonisé par la France de 1863 à 1953 soit pendant presque un siècle pendant lequel la langue officielle et administrative était le français et l'enseignement se faisait également en français.

Le Pays khmer à l'époque de Kaundinya-Somà n'était pas un pays colonisé par l'Inde. Le premier fait qui confirme cette situation est que l'Inde, telle qu'on la voit aujourd'hui, n'existait pas encore à cette époque. L'Inde, en tant qu'Etat occupant tout le continent indien, était une création anglaise et il est resté ainsi après le départ des Anglais en 1947. Avant cela, ce continent était occupé par une multitude d'Etats hindous plus ou moins indépendants les uns des autres. A certains moments on comptait jusqu'à 600 royaumes. On connaît par exemple les royaumes de Gandhara, de Kuru au nord de New Delhi, de Pancala, Kosala, Kapilavastu où était né Bouddha, de Magadha ou Bihar, Kalinga ou actuelle Orissa, de Chola, etc. Le

deuxième fait à noter est que dans l'organisation des Etats
« pour les Hindous, ce qui compte pour un puissant royaume,
c'est moins d'annexer le territoire de son voisin que d'obtenir
son allégeance et le versement d'un tribut » (M. Angot)[5]. C'est
ainsi qu'on a des maharajahs et des rajahs, c'est-à-dire des
rois suzerains et des rois vassaux. L'annexion totale d'un Etat
par un autre existe, mais c'est souvent à la suite d'une grande
expédition punitive, comme c'était le cas du Kalinga qui fut
envahi par l'empereur Asoka au IIIè siècle avant Jésus Christ. Il
n'y avait ainsi aucun Etat de l'Inde qui se serait intéressé au
royaume des Khmers situé de l'autre côté du golfe de Bengale.
Il n'y avait aucun Etat hindou qui serait venu occuper le Pays
Khmer. Il n'y avait aucun Etat hindou non plus qui aurait
envoyé un corps expéditionnaire pour coloniser le Pays khmer.

Hun Tien, en venant au Pays khmer, ne représentait aucun
Etat hindou ni aucune autre personne. Il vint de sa propre
initiative, s'empara d'un royaume et le réorganisa à son profit.
En venant au Pays khmer, il amena avec lui sa culture hindoue
c'est-à-dire le brahmanisme ou l'hindouisme. Cette culture est
basée sur la « connaissance ». La Bible du brahmanisme est le
Veda, venant du mot **Vid** qui signifie « Connaissance ». C'est
cette connaissance au sens large du terme qui a permis au
royaume khmer d'atteindre sa puissance et sa gloire dont
témoignent les splendides monuments d'Angkor.

Le royaume khmer n'était pas une colonie indienne. Les
Khmers ne doivent rien à l'Inde. Ils doivent certainement
beaucoup à la culture hindoue. Ils doivent beaucoup à
l'hindouisme.

---

[5] Michel Angot, *L'Inde classique*, Ed. Les belles lettres, Paris, 2002, p. 26.

CHAPITRE 2

LES RELIGIONS HINDOUES AU PAYS KHMER

A leur origine, les Khmers n'avaient pas à proprement parler de religion. Ils ne vénéraient pas un dieu particulier. Ils avaient un profond respect pour la Mère et le Père, respect qui devint avec le temps un culte. On appelle cela le culte du Mé-Ba, Mé étant la mère et Ba est le père. Plus tard la Mère est associée à la **Terre** et le Père est associé à l'**Eau**. Aujourd'hui encore, à la fin de certaines cérémonies religieuses, les Khmers se mettent souvent quelques grains de sable sur le sommet du crâne en signe d'hommage à la déesse Terre. L'aspersion d'eau au cours des différentes cérémonies, permet à l'assistance de recevoir ainsi la protection de la déesse Eau tout simplement.

Depuis le début de l'ère chrétienne, de nombreuses religions hindoues sont venues au Pays khmer. Elles apportèrent chaque fois avec elles une nouvelle croyance et aussi une nouvelle culture, une nouvelle civilisation qui modifient profondément la vie des Khmers. L'organisation sociale et politique, le mode de vie, l'art et l'architecture, la littérature et les sciences dépendent étroitement de la religion du moment, ce qui fait qu'on ne peut pas comprendre les Khmers si on ne sait pas quelle était leur religion à un moment donné.

L'Inde est un continent rapidement peuplé par les hommes. Au début il y a eu le peuple **Munda**, ancêtre des Khmers et des Môns, apparu vers l'an 30000 avant Jésus Christ. Puis vinrent les **Dravidiens** ou Tamouls à la peau sombre vers – 10000 et enfin les **Aryens** qui descendaient de la région de l'Asie centrale vers 3200 avant Jésus Christ. Chaque peuple avait sa propre culture et ses propres croyances qui évoluaient aussi avec le temps. Ce qu'il y a de particulier, c'est que les nouveaux arrivants étaient toujours plus barbares que les anciens occupants et qu'ils détruisaient tout sur leur passage. Toutefois, malgré ces destructions, ils conservaient tout de même de nombreuses traditions anciennes de leurs prédécesseurs. Les religions des différents peuples évoluaient aussi de la même façon et les nouvelles conservaient toujours une partie des croyances précédentes en attendant d'y ajouter d'autres créations plus personnelles, d'où la nécessité, si l'on veut bien connaître une religion donnée en Inde, de connaître aussi toutes les autres.

I. LE SIVAISME

Le peuple Munda, premier occupant du continent indien, avait un système matriarcal et pratiquait le culte de la Mère et du Père. Les Tamouls ou Dravidiens qui arrivèrent après les Munda, conservèrent pour eux-mêmes ces trois principes. Puis progressivement ils ont symbolisé le « Père » par un **linga** et le culte du Père devint ce que certains en Occident appellent très improprement le culte du « Phallus ».

Le linga devint lui-même plus tard le symbole d'un dieu véritable, le dieu **Siva**. Avec Siva on a alors une véritable religion : c'est le **Sivaïsme**. En effet les Dravidiens qui ont su se donner par la suite une brillante civilisation connue sous le nom de civilisation de l'Indus ou civilisation d'Harappa, donnèrent au Sivaïsme tous les fondements d'une grande religion bien loin d'un simple culte du linga. Les « **Puranas** » ou Anciennes Chroniques constituent sa « Bible ». Il existe, à côté de ces textes qui, il est vrai, ne furent reproduits sous forme écrite que beaucoup plus tard, une abondante littérature comme le **Mahabharata** d'une richesse exceptionnelle.

Un linga ou Dieu Siva

à Bayon, Angkor

Siva veut dire simplement « favorable ». Son vrai nom est « **An** ». Il est représenté parfois comme un adolescent nu, lubrique courant les forêts pour séduire les femmes des rishis ou ascètes. Comme le « Père », il est un **dieu créateur**. Il crée l'Univers, les hommes, les êtres et aussi les arts, la science, la musique et le yoga. Son fils **Ganesa** est le dieu de la science et son autre fils **Skanda** est le dieu de la musique. S'il lui arrive de détruire l'Univers à la fin de chaque ère cosmique ou kalpa, d'où aussi sa réputation de **dieu destructeur**, c'est aussi pour débarrasser celui-ci des karmas ou péchés produits par les hommes.

Avec Siva le culte du « Père » est porté à son zénith. Pour autant on n'a pas oublié la « Mère ». Le matriarcat a déjà amené les Dravidiens à la polyandrie, même si cette pratique se limitait seulement à certaines régions de l'Inde et au Tibet. Dans le poème épique le Mahabharata, les cinq frères Pandava (Pàncà = cinq) ont ensemble une seule et unique épouse, la belle Draupati. A Mohanjo Daro on a retrouvé dans les fouilles nombre de statues de la Déesse-Mère. Le culte du principe féminin ou « **Yoni** » est inséparable du culte de Siva-Linga. Dans certaines sectes qui pratiquent la vénération du principe féminin on observe même des sacrifices humains en offrande à la déesse Kâli, « épouse » de Siva.

II. LE VEDISME.

Les Aryens sont arrivés sur le continent indien vers l'an **3200** avant Jésus Christ. On pense généralement qu'ils étaient venus des bords de la mer Caspienne, dans le nord de l'Iran actuel, parce qu'il existe dans cette région un « pays » qui s'appelait **Airyana-vaejo** qui signifie la « maison des Aryens ». En réalité leur origine première se trouve dans les steppes du nord de l'Asie centrale car dans le Mahabharata, célèbre épopée hindoue, où il est surtout question d'une guerre entre les Dravidiens et les Aryens, il était dit qu'au nord du pays d'origine des Aryens, chaque année il fait jour pendant 6 mois et nuit pendant 6 mois. Ainsi d'après les Hindous eux-mêmes, le pays des Aryens ne pouvait se trouver que dans l'Asie centrale et plutôt vers le pôle nord où, effectivement, il fait jour pendant 6 mois et nuit pendant 6 mois.

Nomades et barbares, les Aryens détruisaient tout sur leur passage. Les Munda et les Dravidiens sont considérés par eux comme des esclaves ou **dasa** (en khmer neak tos). Toutefois, avec le temps, les Aryens devinrent aussi un peuple sédentaire et évolué. Ils se donnèrent alors une première religion connue sous le nom de **Védisme** car sa « Bible » s'appelle le **Veda**, venant du mot vid qui signifie connaissance.

Le **Védisme** est une religion polythéiste aux dieux innombrables. On peut dire sans grande erreur que tout ce qui impose une certaine crainte chez les hommes est considéré comme un dieu. Ainsi la Terre, l'Eau, le Feu, le Soleil, la Lune, le Vent, la Tempête, la Foudre... sont des dieux. A une certaine époque on en comptait jusqu'à 300.000 (B. Baudouin)[6]. Avec le temps, on considère que les dieux principaux ne sont plus qu'au nombre de trente-trois. Certains de ces dieux étaient même vénérés hors de l'Inde comme en Grèce, en Italie et dans d'autres pays d'Europe occidentale et évidemment au Pays khmer. C'est le cas par exemple du dieu Indra et de Agni (en khmer Akki) ou le dieu du Feu.

Indra est le Dieu de la foudre. Il est considéré comme le plus grand des dieux védiques. Son arme principale est la foudre ou **vaijra** qui peut lancer des éclairs, des tonnerres et des orages bien effrayants. Son autre arme est le **trident** et sa monture est un éléphant tricéphale appelé **Airâvâna**. C'est Indra qui est vénéré comme le dieu suprême en Grèce sous le nom de Zeus et aussi à Rome sous le nom de Jupiter.

Agni ou **Akki** est le Dieu du feu. Le culte de ce dieu est le culte de la « **flamme sacrée** ». Il imposait à chaque famille d'avoir dans sa demeure un « **foyer** » que l'on devait entretenir de façon permanente afin que le feu ne puisse jamais s'éteindre. Le foyer est devenu pour cette raison synonyme de la maison

---

[6] Bernard Baudouin, *Le Védisme*, Ed. De Vecchi, Paris, 1997. p. 49.

elle-même. Quand un Français dit qu'il rentre au foyer, cela veut dire qu'il rentre à la maison. En Perse sous Darius 1er (522 à 486 avant JC) le devoir du croyant était aussi de conserver le feu dans la maison et de ne jamais le laisser s'éteindre. Les Romains faisaient entretenir le culte du « foyer » par des jeunes filles vierges appelées vestales et Vesta est leur Déesse du feu. Chez les Khmers, le feu est entretenu dans un foyer appelé **maha changkran** ou « grand foyer » et aujourd'hui encore, à la fin de chaque cérémonie religieuse même bouddhique, on ne manquera jamais de remercier le Père et la Mère et le maha changkran.

Pour rendre un culte à Agni, on rallumait ce feu ou « flamme sacrée » au bout d'une torche qui était exposée ensuite sur un autel ou à un endroit convenu pour la cérémonie. Le fait qu'un Chef d'Etat rallume la flamme n'est rien d'autre qu'un geste relevant à l'origine du Védisme. La torche sera remplacée plus tard par des bougies et autres baguettes d'encens et le fait de placer celles-ci devant Bouddha ou Jésus Christ n'était au début que le culte rendu au Dieu du feu ou Agni. On n'a aucune raison de croire que Bouddha ou Jésus Christ adoraient les bougies et les baguettes d'encens !

Le feu est source de chaleur et d'énergie. Sans cette énergie il n'y a pas de vie possible. Le feu est ainsi à l'origine de notre vie. C'est en tout cas ce que pensaient les Aryens. Dès lors, quand un homme meurt, il doit retourner vers son créateur. Ceci est à l'origine de la crémation appelée « **pujâ** »[7] ou « buchéa » chez les Khmers. Pujâ signifie offrir à Dieu, autrement dit on offre le corps du défunt à Dieu (le feu).

A l'époque d'Angkor, les Khmers abandonnaient le corps de leurs parents défunts dans la forêt pour être dévorés par des

---

[7] Pûja veut dire exactement manger et tous les dieux hindous mangent comme les hommes, ont des épouses et des enfants comme les hommes.

oiseaux de proie ou d'autres animaux (Tcheou Ta Kouan)[8]. Ceci est un autre aspect du Védisme car l'enterrement, d'après eux, pourrait souiller les éléments sacrés que sont la déesse Terre et la déesse Eau. Cette pratique se rencontrait aussi en Perse ou Iran au Vème siècle avant Jésus Christ à l'époque du culte de Zarathoustra (Will Durant).

Le Védisme est une religion qui croit à l'existence de l'âme et au « karma » c'est-à-dire les mauvaises actions ou péchés commis par les hommes. Si un homme commet un karma, il doit renaître dans une vie future pour se racheter de ses karmas ou péchés. C'est la renaissance ou **transmigration de l'âme**. S'il commet trop de péchés, il doit renaître indéfiniment. Il entre alors dans une sorte de cycle sans fin, comme dans une roue, dont il ne pourra plus sortir. C'est ce qu'on appelle la roue du « **samsâra** ». Le but du Védisme est justement de ne plus renaître, autrement dit d'avoir une vie éternelle. **L'existence de l'âme, le karma et le samsâra sont des notions religieuses fondamentales conçues par le Védisme.**

III. LE BRAHMANISME

Le Brahmanisme n'est pas une religion tout à fait nouvelle. Il n'est que le résultat d'une évolution lente et progressive, sur une période de plus de mille ans, des idées religieuses anciennes du peuple munda puis du peuple dravidien de l'époque prévédique et védique.

Comme le Védisme, le Brahmanisme reconnaît l'existence de plusieurs dieux. En ce sens il est aussi une religion polythéiste. Les dieux dominants du Védisme comme Indra ou Sûrya sont relégués au second plan et les nouveaux dieux sont : Brahmâ, Visnu et Siva. Ces trois dieux constituent non pas une Trinité mais une triade appelée le **Trimûrti** qui veut dire les

---

[8] Tcheou Ta Kouan, *Mémoires sur les coutumes du Cambodge*, Textes traduits par Paul Pelliot, Librairie d'Amérique et d'Orient, Adrien Maisonneuve, Paris, 1997, p. 24.

trois « aspects » de Dieu (tri = 3, mûrti = aspect) autrement dit chaque dieu brahmanique n'est lui-même qu'un aspect ou une manifestation momentanée d'un dieu unique appelé Brahman.

Brahma est le dieu créateur. Dans la réalité son rôle est plutôt effacé. **Visnu** est le dieu conservateur et le dieu d'amour car il n'hésite pas à se transformer en diverses créatures appelées **avatars**[9] pour venir au secours des hommes. Il devient Krishna pour aider les pauvres et les faibles et ressusciter les morts ; il devient le héros Râma dans le Râmayana et la tortue Kuruma pour porter sur son dos le mont Mandara dans la scène du barattage de la mer de lait, etc. **Siva** est le plus ancien de tous les dieux puisque son origine remonte à l'époque du peuple munda et des Dravidiens. Il continue à être symbolisé par le « linga » (symbole du Père) accompagné inévitablement par le « yoni » (symbole de la Mère). Il est le dieu destructeur et c'est lui qui détruit l'Univers à la fin de chaque ère cosmique ou « **kalpa** ».

A côté de ces dieux « masculins » il existe aussi des divinités féminines. Ainsi, à côté de Visnu, il y a la déesse Laksmi et à côté de Siva il y a les déesses Kâli, Parvati, Uma, Durga dont certains disent qu'elles sont des parèdres ou des épouses. **Kâli** est appelée aussi Maha Devi. Comme son nom l'indique, c'est une mauvaise déesse (kâli = mauvaise) et en Inde on la représente toujours sous un aspect terrifiant avec la langue pendante, un collier de crâne humain autour du cou et dansant sur un cadavre. Comme Siva, elle détruit mais elle reconstruit aussi car elle représente la déesse de la maternité, la **Déesse Mère**. Parvati est tout simplement la **Déesse Terre** (parvati = Terre) comme cela a toujours existé depuis l'époque munda. Les nombreuses déesses ne représentent en fait que les multiples aspects d'une seule divinité tout comme les trois aspects ou trimûrti de Brahman.

---

[9] Avatar signifie « descente » et c'est Dieu qui descend du ciel pour secourir les hommes. A cette occasion il se transforme aussi en différentes créatures comme le poisson, la tortue, etc.

VISNU
à Visnuloka ou Angkor Vat

Dans la pratique chaque homme peut vénérer n'importe quel dieu et choisir pour lui-même un dieu personnel ou « **ishta deva** ». Visnu et Siva sont les dieux les plus vénérés. Au Pays khmer à l'ère brahmanique ou hindouiste il y avait des rois qui adoraient Siva comme Jayavarman II et Yaçovarman Ier et d'autres qui adoraient Visnu comme Sûryavarman II. Cette forme de tolérance est un caractère fondamental du brahmanisme et c'est ce qui explique sa cohabitation toujours pacifique avec d'autres religions et d'autres croyances.

Sur le plan de la doctrine, le Brahmanisme conserve les grands principes du Védisme en particulier les notions de l'existence de l'âme, du karma et du samsâra ou cycle des renaissances symbolisé par la « roue » car une fois que l'homme y est entré il tournera en rond et sans fin dans ce cercle. Le but ultime de chacun est de sortir de ce cycle infernal c'est-à-dire obtenir la Libération appelée **moksa**, permettant à l'âme ainsi libérée d'atteindre la Lumière divine. La « Bible » du brahmanisme est aussi le **Veda**. Toutefois, aux anciens textes sacrés s'ajoutent d'autres textes sacrés, et le Veda brahmanique devient finalement une œuvre considérable. Une autre particularité du brahmanisme c'est qu'il existe, à côté de ces textes sacrés, des textes qui y sont rattachés. Ces derniers vont des poèmes épiques comme le Mahabharata, le Râmayana et le Bhagavad-Gîtâ jusqu'aux textes les plus courants pour la connaissance humaine comme la grammaire, les sciences, les mathématiques, la médecine, la littérature, le droit, etc. Il est vrai que Veda signifie connaissance. Ces textes sacrés ou non sont réputés être de **révélation divine** et leurs auteurs connus, comme Panini père de la Grammaire sanscrite, sont considérés seulement comme des **rishis** ou saints ermites ayant élaboré leurs textes sous la dictée de Dieu[10].

Le brahmanisme a une autre particularité. Il s'occupe, comme on l'a déjà vu, du domaine temporel en plus du domaine

---

[10] Le Coran est aussi une révélation divine car il était dicté à Mahomet par l'ange Gabriel.

spririrtuel propre à toutes les religions. La société humaine est ainsi divisée en quatre classes sociales qui sont, dans l'ordre hiérarchique : les brahmanes, les ksatriyas, les vaisyas et les sûdras.

Le brahmanisme est plus connu actuellement sous le nom d'**Hindouisme**. Il semble bien cependant qu'il existe une certaine nuance pour cette distinction. Will Durant écrivait[11] : *« L'Hindouisme est plus qu'une religion. C'est aussi un ramassis de croyances et de cérémonies. Il reconnaît quatre principes : la loi du karma et la transmigration de l'âme, le système des castes, la prépondérance des brahmanes, et la vache sacrée ».* Pour d'autres auteurs[12], l'Hindouisme est un musée de religions qui vont du védisme au brahmanisme et aussi à toutes ses formes diverses rencontrées en Inde à l'exception du Jaïnisme. Il a toutefois le mérite, comme disaient certains auteurs hindous, « de reconnaître la valeur des multiples chemins conduisant tous à l'état suprême et de ne faire aucune difficulté pour admettre la nature divine des prophètes des autres religions ».

IV. LE JAÏNISME

Vers le VIè siècle avant Jésus Christ, **Mahavira** (559-468) rétablit une autre religion, le Jaïnisme. D'après les textes jaïns, celui-ci fut fondé au temps pré-védique par le roi **Rishabha** qui avait pour l'occasion renoncé au trône au profit de son fils **Bharata**. Ce dernier a donné son nom de Bharata à l'Inde et il était aussi le premier roi au monde à porter le titre de chakravatin ou « roi de l'univers », titre retrouvé plus tard chez de nombreux rois khmers. Mahavira n'était effectivement que le dernier d'une série de vingt-quatre prophètes. Son nom signifie

---

[11] Will Durant, *Histoire de la Civilisation : Notre héritage oriental, Tome II*, Ed. Rencontre, Genève, 1962, p. 312.

[12] Gallimard, *Le grand guide de l'Inde* (Ouvrage collectif), Ed. Gallimard, Paris, 1988, p.73.

« grand héros » (maha = grand, vira = héros) et son vrai nom est Vardhamana. Chaque prophète est un **jina** ou « conquérant » sous-entendu une conquête de soi-même en triomphant des désirs et en rompant les liens au monde matériel. Les adeptes de cette religion sont des jaïnas, d'où le nom de **Jaïnisme**. Le jina est aussi un **tirthamkara** ou passeur qui aide l'homme à passer du monde matériel au monde spirituel.

Le jaïnisme reconnaît l'existence de l'âme et du karma. La libération est possible par le triple joyau ou **triratna** : la foi, la connaissance et la conduite correcte. Cette conduite est de : ne pas détruire la vie, ne pas mentir, ne pas voler, ne rien posséder (A. Daniélou)[13]. La « **non violence** » qui dérive de la première conduite est aussi un principe fondamental du jaïnisme qui s'énonce ainsi : **Ahimsa paramo dharma** (la non violence est la règle suprême). Ce principe amène les jaïnistes au régime végétarien strict et ses moines à se couvrir le visage d'un tissu afin de ne pas tuer involontairement un être vivant qui se trouve par hasard dans l'air qu'on respire. Mahavira admet le suicide par inanition comme une voie vers la libération. La nudité relève du principe de « ne rien posséder ». On la voit actuellement chez les **sadhus** (saints) qui sont réputés être des digambara ou vêtus d'espace (slirk mék en khmer) à l'opposé des çvetambara qui sont habillés en blanc (çvet = blanc). Au Pays khmer les jains sont connus sous le nom de « **Chèl** » et ils sont considérés comme des individus répugnants dans les milieux bouddhiques.

V. LE BOUDDHISME

Le Bouddhisme fut fondé en Inde vers la fin du VIè siècle avant Jésus Christ à la même époque que le Jaïnisme. Son fondateur est un ksatriya du nom de Siddhârtha de la famille de Gotama et du clan des Sâkya. Il est né en l'an 566 et il est mort vers l'an 486 avant Jésus Christ, à l'âge de 80 ans. Il n'était pas

---

[13] Alain Daniélou, *Histoire de l'Inde*, Fayard, Paris, 2005, p. 54.

fils de roi. Son père Suddhodana était seulement un petit seigneur à **Kapilavastu**, territoire situé au pied de l'Himalaya proche du Népal actuel. Sa mère nommée Mâya mourut sept jours après sa naissance. Frappé par la précarité et la souffrance de la vie humaine, il abandonne femme et enfant pour errer sur les routes à la recherche d'une voie de salut. Après de nombreuses années de pénitence puis de méditations sous un figuier à **Gayà**, il parvint enfin au stade de la « connaissance parfaite » c'est-à-dire le **bodhi.** On l'appelait alors le Bouddha nom qui vient du mot bodhi et qui veut dire « celui qui connaît » ou « celui qui s'est éveillé » (H. Oldenberg)[14]. Le figuier, devenant lui-même sacré, est appelé aussi le bodhi (en khmer doeum Pô) et on peut le voir encore actuellement dans la ville de Bodh-Gayà dans l'Etat de Bihar.

La religion de Bouddha repose sur un concept initial assez simple à savoir que « **tout est douleur** » ou souffrance appelée **dukkha**. Ainsi pour Bouddha, « la naissance est douleur, la vieillesse est douleur, la maladie est douleur, la mort est douleur, être séparé de ce qu'on aime est douleur, être uni à ce que l'on n'aime pas est douleur, ne pas avoir ce que l'on désire est douleur ». La cause de cette douleur est le **désir** ou « soif » appelés Tanhâ**.**

Bouddha ne reconnaît pas l'existence de Dieu ni des devas et autres devatas. A ceux qui lui posaient la question, il répondait invariablement : « certains le pensent ». **Lui-même n'est pas Dieu**. Pour Bouddha, il est seulement celui qui a indiqué le chemin. Le salut de chacun ne peut être obtenu que par son propre effort en suivant ce fameux chemin et le fait de prier Bouddha ne servira absolument à rien. Sur son lit de mort et voyant Ananda, son plus proche disciple, qui se désolait en disant « bientôt nous n'aurons plus de Maître » il lui a fait ce reproche : ne dis pas que nous n'aurons plus de Maître, c'est la Loi ou Dharma qui est ton Maître et non pas moi.

---

[14] Hermann Oldenberg, *Bouddha : vie et religion*, Ed. Jean de Bonnot. Paris, 1998, p. 63.

Bouddha ne reconnaît pas explicitement l'existence de l'âme mais il admet la notion du karma, la notion de la renaissance et du samsâra, notions provenant toutes du brahmanisme et que le brahmanisme a hérité lui-même du Védisme. Pour Bouddha la renaissance vient du « désir » ou « soif d'existence ». Comme le désir est la source de toutes les douleurs, **la libération consiste avant tout à supprimer le désir.** La voie qui conduit à la suppression du désir est donnée par Bouddha dans son célèbre « sermon de Bénarès ». C'est le « Noble Sentier Octuple » à savoir : la vue juste, la pensée juste, la parole juste, l'action juste, le moyen d'existence juste, l'effort juste, l'attention juste et la concentration juste. Les trois premiers sentiers mènent à la sagesse, les deux suivants relèvent de la moralité et les trois derniers sentiers conduisent vers la concentration ou Samâdhi. Le salut final pour Bouddha est le **Nirvâna** dont le sens premier est « l'extinction ». Les religieux bouddhistes se plaisent à dire que c'est une extinction identique à celle de la flamme d'une lampe qui s'éteint. En fait le nirvâna n'est ni la mort ni le néant. C'est l'extinction de tout désir personnel, de tout désir égoïste et par là la fin de la renaissance (Will Durant)[15]. Ainsi prend fin aussi la réincarnation et c'est là la suprême récompense pour tous les hommes.

Le bouddhisme en tant que religion est une Trinité, appelée à l'instar des jaïns, le **Triratna** ou Triple joyau avec Bouddha, le Dharma et le Sangha. Le Dharma est la loi révélée par Bouddha contenue elle aussi dans trois groupes de textes appelés « corbeilles » (pitaka=corbeille) ou le Tripitaka. Le Sangha est la communauté des bonzes appelés bhikkhus ou mendiants. Ceux-ci vivent effectivement de mendicité, portant un bol dans lequel les femmes leur versent de la nourriture. Sans aller jusqu'à « ne rien posséder » comme chez les jaïns, le bouddhisme prône la pauvreté. Tout commerce est interdit, aussi bien pour l'achat que pour la vente. Pour Bouddha, seuls

---

[15] Will Durant, *Histoire de la Civilisation* : *Notre héritage oriental*, op. cit., p. 206.

les bonzes sont ses fidèles vraiment authentiques et parfaits car ils ont renoncé à ce monde et ont tout abandonné : parents et amis, frères et soeurs, maison et biens y compris leurs habits et leur nom de naissance. Les « fidèles laïques » ne sont que des **demi-bouddhistes**. « Ils ne peuvent aspirer qu'à une chose, celle de devenir bonze ou bhikkhu soit dans cette vie, soit dans une vie future, même s'ils ont suivi tous les enseignements de Bouddha et comblé les bonzes de tous les dons » (J. Masson)[16].

Le bouddhisme a une considération toute particulière et négative pour les femmes. Pour cette religion, les femmes sont en elles-mêmes un objet du désir et le « désir » est justement la chose à combattre. Faire le voeu de **chasteté** est l'un des dix préceptes de base du bouddhisme. La continence est la règle absolue de tous les bonzes. On connaît la conversation suivante entre Bouddha et son disciple favori Ananda qui lui demanda :

- Comment devons nous, Seigneur, nous comporter à l'égard des femmes ?
- Il faut éviter de les voir, Ananda.
- Mais si nous les voyons, que devons nous faire ?
- Ne pas leur parler Ananda.
- Mais si elles nous parlent les premières, Seigneur, que devons nous faire ?
- Alors il faut bien prendre garde à toi, ô Ananda.

Le bouddhisme connut aussi son schisme. Deux siècles après la mort de Bouddha on comptait jusqu'à dix-huit tendances. Le troisième concile[17] tenu en l'an 245 avant Jésus

---

[16] Joseph Masson, *Le Bouddhisme*, Ed. Desclée de Brouwer, Paris, 1975, pp. 14-15.

[17] Le premier concile était tenu peu de temps après la mort de Bouddha à Rajagriha sous la direction de son plus vieux disciple Kashyapa. Il a pour objectif de réunir par écrit les paroles de Bouddha. Les enseignements du maître sont alors réunis pour la 1ère fois, en langue sanscrite, en trois principales sections connues sous

Christ par l'empereur Asoka à Pataliputra ou Patna du royaume de Magadha ou actuel Bihar, consacre l'existence de deux courants principaux : le Mahayana et le Hinayana.

Le **Mahayana** est le « Grand Véhicule » car maha veut dire grand et yana est véhicule. Autrement dit c'est la plus grande voie qui peut conduire les hommes au nirvâna. Il utilise le **sanscrit** comme langue religieuse. Sa différence avec le hinayana relève moins de la doctrine que de la forme. Le mahayana considère tout d'abord que Sakya Muni n'est pas le seul bouddha et il existe avant lui de très nombreux autres bouddhas dont notamment Amitâbha, Akshobhya, Baiyashaiya-guru, etc. Le bouddha à venir après Sakya Muni sera **Maitreya**. Dans la pratique, le mahayana prône la compassion et insiste pour que ceux qui ont déjà atteint l'éveil continue à aider les autres pour quitter ce monde considéré par Bouddha comme « un monde en flammes, un monde dévoré par le feu » (Samayuttta Nikâya). Ceux-là sont des saints bouddhiques du mahayana appelés **bodhisattvas** c'est-à-dire les êtres (sattvas) qui sont arrivés à la connaissance parfaite (bodhi) mais qui retardent le moment de leur mort pour se consacrer à l'illumination des autres. Les plus connus sont Avalokitesvàra, Manjushrî, Mahâmati et bien entendu Maîtreya. Ceci n'est pas du tout en contradiction avec les principes de Bouddha Sakya Muni puisque celui-ci, ayant atteint le bodhi et avant sa mort, a aussi parcouru la terre ou tout au moins une partie de l'Inde pour prêcher et aider les hommes à trouver le nirvâna.

Cette conception sur les nombreux bouddhas n'est pas sans quelque similitude avec le polythéisme du brahmanisme. Celui-ci finit d'ailleurs par considérer le bouddhisme mahayana comme un des siens et Bouddha ne serait pour eux qu'une incarnation du dieu Visnu, un dieu altruiste qui ne cesse de venir au secours des hommes à travers ses nombreux avatars.

---

le nom de Tripitaka. Le deuxième concile était tenu un siècle plus tard, en 383 avant JC à Vaishali pour clarifier les divergences qui sont apparues parmi les disciples. Il aboutit à un échec.

Le brahmanisme et le bouddhisme mahayana vivaient ainsi en coexistence généralement pacifique.

Au Pays khmer, le bouddhisme mahayana était présent depuis le début de l'ère chrétienne à la suite de sa diffusion dans le monde ordonnée par le roi Asoka en l'an 245 avant JC. Il était venu par la Malaisie qui était à cette époque une terre indienne du nom de Javadvipa. La première principauté bouddhique mahayana khmère était effectivement le Nagara Sri dharmarâja devenu aujourd'hui Nakhon Si Thammarat, située justement à la frontière malaise. L'influence du bouddhisme mahayana au Pays khmer était certaine et plusieurs rois ont adopté cette forme de bouddhisme comme religion d'Etat. Sa coexistence avec le brahmanisme était généralement pacifique, aidée en cela aussi par le langage commun qui était le sanscrit. Le bouddhisme mahayana fut éliminé totalement du Pays khmer en 1336 par les partisans du bouddhisme hinayana.

Le **bouddhisme hinayana** est le bouddhisme du Petit Véhicule car hina veut dire petit ou mauvais et yana signifie véhicule. Ce terme a été donné plus ou moins par mépris par les tenants du mahayana. Les bouddhistes du hinayana préfèrent utiliser plutôt le terme de « **Theravada** » ou « Doctrine des Anciens » (thera = ancien, vada = parole). Ils considèrent qu'ils sont les bouddhistes authentiques ou orthodoxes à la manière des premiers disciples de Bouddha. Ils utilisent le « **pâli** », un dialecte de la région natale de Bouddha, comme langue sacrée et la Doctrine bouddhique ou Tripitaka, jusqu'alors de langue sanscrite, fut traduite aussi à cette occasion en langue pâlie. Ils insistent surtout sur le fait que la libération ne peut être obtenue que par un effort personnel comme disait Bouddha. Ils tiennent de façon absolue que le spirituel se sauve de soi, par soi et pour soi. Ces considérations aboutissent généralement aussi à une sorte de « chacun pour soi » et à l'individualisme.

Le bouddhisme hinayana ou theravada s'était établi surtout dans l'Inde du Sud et à Ceylan ou Sri Lanka. Un des fils de Jayavarman VII, le prince **Tamalinda** avait fait un séjour d'études dans cette île pendant six ans comme bonze theravada et c'était ce prince qui a introduit cette religion au Pays khmer à son retour à Angkor en **1190**. Le bouddhisme theravada était beaucoup moins tolérant que le brahmanisme ou le bouddhisme mahayana. Après 100 ans de conflit il a éliminé de façon radicale le brahmanisme et aussi le bouddhisme mahayana du Pays khmer. Aucun brahmaniste ni aucun bouddhiste du mahayana n'a survécu. C'était en **1336**. Depuis cette date le bouddhisme theravada devient la religion officielle du Pays khmer et l'unique religion des Khmers.

CHAPITRE 3

CULTES HINDOUISTES ET MONUMENTS D'ANGKOR

C'est bien depuis plus d'un siècle et demi déjà que le monde connaît les monuments khmers d'Angkor. Depuis les descriptions enthousiastes en 1868 du célèbre explorateur et naturaliste français Henri Mouhot[18], les savants de tous les continents ont apporté leurs précieuses contributions à la connaissance de cette civilisation khmère. Les résultats de leurs études remplissent des bibliothèques entières. On croit savoir que tout a été dit à propos de ces monuments d'Angkor. On croit savoir que tout a été expliqué. Cependant certains continuent à parler encore des « **Mystères d'Angkor** » ! Il faut croire que tout n'a pas été compris ou bien que tout n'a pas été dit. Les deux questions principales que l'on se pose souvent sont les suivantes :

---

[18] Henri Mouhot, *Voyage dans les royaumes de Siam, du Cambodge, de Laos*, Ed. Olizane, Genève, 1999 (1ère éd. 1868), pp. 174-215.

Que représentent les monuments d'Angkor ? Pourquoi les souverains khmers ont-ils édifiés ces monuments ?

A la première question et à cause probablement de la présence dans ces monuments des statues innombrables et des divinités les plus diverses, la réponse était invariablement qu'il s'agissait de temples et c'est ainsi qu'on parlait alors de « **Temples d'Angkor** ». Si l'on pense qu'il s'agit des édifices où les fidèles se réunissent autour d'un prêtre pour célébrer un culte à la manière des églises catholiques, des pagodes bouddhiques, des mosquées musulmanes ou des synagogues judaïques, on est dans l'erreur la plus totale, bien que ces monuments aient effectivement un caractère sacré. La présence de tombes royales dans ces monuments, comme celle du roi Yaçovarman Ier au sommet du Phnom Bakhèng dans le monument appelé Sivaloka, fait dire à certains qu'il s'agissait non pas de temples mais de « mausolées » royaux. A ce propos Georges Coedès « n'a pas hésité à déclarer que les principaux temples, ceux qui ont une origine royale, sont des temples funéraires, des mausolées et dans une certaine mesure des tombeaux, si l'on admet que des cendres y ont été déposées sous la statue représentant le défunt sous l'aspect divin. Il ne s'agit pas de temples publics ou de lieux de pèlerinages mais des dernières demeures où les souverains khmers trônaient sous leur aspect divin comme dans un palais » (M. Glaize[19]). Si l'on pense ainsi qu'il s'agit des mausolées royaux à la manière des Pyramides d'Egypte, on est aussi dans l'erreur la plus totale.

Les monuments d'Angkor sont-ils des temples ou des mausolées ?

Pour bien comprendre leurs significations, il est nécessaire de connaître d'abord les cultes de l'hindouisme puisque le Pays khmer de cette époque était de culture et de religion hindouistes.

---

[19] Maurice Glaize, *Les monuments du groupe d'Angkor,* Librairie d'Amérique et d'Orient, Adrien Maisonneuve, Paris, 1963, p. 34.

L'hindouisme, dans sa forme originelle qu'est le **Védisme**, ne possède ni temple ni monument. Will Durant[20] écrivait en effet « qu'il n'existait dans la religion védique primitive ni temples ni images. On élevait de nouveaux autels pour chaque nouveau sacrifice comme dans la Perse de Zoroastre et le feu sacré portait les offrandes au ciel ». Autrement dit, après la cérémonie on brûlait tout ce que l'on avait construit sur un terrain que l'on avait choisi pour le sacrifice et le culte aux dieux. Michel Angot[21] disait de même que « contrairement à l'Egypte et à la Rome antique, ce culte védique n'est pas monumental. Il n'y a pas de bâtiments religieux, pas de temples védiques et l'idée d'un monument védique est elle-même incongrue car les constructions réalisées pour les rituels védiques sont rigoureusement temporaires ».

C'est le **Brahmanisme**, cette nouvelle forme de l'Hindouisme, qui a créé des nouveaux dieux et des nouvelles formes de culte. Les nouveaux dieux sont Brahma, Visnu et Siva. Ils sont désormais représentés sous forme de statues et de diverses idoles ou symboles comme le linga pour le dieu Siva. D'autres dieux secondaires comme Ganesa et des déesses sont aussi des objets de culte. Les lieux de culte sont très divers. On peut citer : les âsramas, les sites sacrés naturels, les lieux de culte privé.

1. Les âsramas

Ils sont parfois considérés comme des temples à la manière des églises chrétiennes ou des pagodes bouddhiques. En fait le mot asrâma signifie « résidence » et effectivement, à l'origine les asrâmas étaient les résidences des brahmanes. Ils étaient aussi des centres d'enseignement du premier cycle et des centres d'accueil des voyageurs.

---

[20] Will Durant, *Histoire des Civilisations : Notre héritage oriental*, *Tome II*, Ed. Rencontre, Genève, 1962. Ch. XIV. p. 161.

[21] Michel Angot, *L'Inde classique*, Ed. Les Belles Lettres, Paris, 2002, p. 127.

Il faut dire que le brahmanisme est une religion qui préconise le système des castes et la religion est avant tout une « affaire » strictement réservée à la caste des brahmanes et à la castes des ksatriyas. Les sûdras (esclaves) en sont exclus. Parmi les Vaisyas, rares aussi sont ceux qui sont autorisés à étudier cette religion et à réciter les textes de sa « bible » c'est-à-dire le Veda.

La célébration du culte est aussi une « affaire » de brahmanes. Dans les âsramas ou temples, les dévots ne sont pas des acteurs du culte mais des « visiteurs » qui viennent présenter leurs offrandes à Dieu par l'intermédiaire du prêtre officiant. « Le rite consiste surtout pour les croyants à venir réveiller Dieu à l'aide d'une clochette prévue à cet effet, puis à assister en spectateurs émerveillés et ignorants aux rituels élaborés que les prêtres accomplissent à heure fixe et indépendamment de leur présence » (Bernard Baudouin)[22]. Le rituel, assuré par les brahmanes, consiste à baigner, habiller, parer, parfumer, nourrir et réjouir dieu par de la musique et des spectacles et finalement à adorer dieu qui est présent dans l'idole. Les rites d'adoration appelés **pùja** sont la prosternation, la circumambulation ou pradaksina, l'illumination successive de la statue au moyen de camphre enflammé et la consommation à la fin de la cérémonie du **prâsada** c'est-à-dire des restes de la nourriture du dieu. Des rites plus solennels appelés **yâtras** consistent à disposer la statue, une fois réveillée, baignée, habillée, parfumée, nourrie, etc… sur un char de procession et à marcher c'est-à-dire promener la divinité à travers les rues de la ville.

2 . Les sites sacrés naturels

Le temple n'est pas le seul endroit où l'on peut venir à la rencontre de dieu ou des divinités. Pour l'hindouisme, dieu est présent partout et en tout lieu. On peut alors rencontrer dieu

---

[22] Bernard Baudouin, *L'Hindouisme*, Paris, Ed. De Vecchi, 2002, pp. 72-73.

aussi bien au temple que dans la nature, dans les montagnes ou rivières et même dans la maison de chaque croyant. Les lieux de culte sont souvent aussi les lieux où l'on cultive le souvenir du passage des dieux. Ces lieux sacrés sont devenus avec le temps des lieux de pèlerinage, des lieux où on organise des processions de masse réunissant parfois des millions de personnes comme dans certains endroits du Gange où le rituel consiste à effectuer une immersion dans les eaux sacrées.

3. Les cultes privés

Avec le brahmanisme on ne vit que par dieu et pour dieu. C'est ce qui explique l'importance des cultes privés. Ceux-ci sont même plus importants que le culte public. Dans chaque maison en Inde, il y a toujours un petit autel où l'on vénère la divinité que l'on a choisie. En effet, bien que le brahmanisme admette l'existence de plusieurs dieux et de nombreuses déesses, chaque personne doit en principe choisir un seul dieu pour lui-même que l'on appelle son « **ishtadeva** » et ce dieu sera installé dans un autel religieux familial.

Le culte familial peut être célébré sans la présence des brahmanes et le maître de la maison peut alors jouer le rôle d'officiant pour la cérémonie. La prière, qui est une constante commune à toutes les religions, peut être faite par tous les croyants dans l'hindouisme. Elle consiste surtout à réciter une formule sacrée ou mantra qui, dans sa forme extrême, se résume à la seule syllabe sacrée « OM ». Le but final pour chacun est de « **s'unir à dieu** » ce qui permet alors à l'individu d'être libéré (moksa) et d'échapper au cycle des renaissances.

L'autel religieux familial est souvent dressé dans la cour ou devant la maison elle-même. Il représente alors le **devayatana** ou la « **maison de Dieu** ». Comme chaque dieu est considéré lui-même comme un roi, ces maisons sont conçues aussi comme des palais miniatures. Il existe aussi des constructions pour dieu en dehors de la demeure familiale. Certaines prennent des proportions impressionnantes et deviennent quasiment des temples. Quoi qu'il en soit, ces « temples » restent toujours la propriété de leur constructeur même si par la suite ils peuvent appartenir à la communauté environnante.

DEVAYATANA : Ptah Tevoda

Maison de Dieu privée du peuple

Normalement chaque édifice est consacré à un seul dieu, généralement Visnu ou Siva mais on peut y trouver aussi d'autres dieux exposés plus discrètement dans des niches au sein du monument. Lorsque le « temple » prend une certaine proportion, il est obligatoire de le confier à des brahmanes qui en assurent la vie et le fonctionnement.

Toutes ces différentes formes de culte se retrouvent au Pays khmer à l'ère de l'hindouisme, c'est-à-dire de l'an 50 à l'an

1336 de l'ère chrétienne. Aujourd'hui encore, on voit ces « maisons des dieux » un peu partout dans le pays et devant la demeure des habitants. Les Khmers les appellent d'ailleurs « **Ptah Tevoda** » ce qui veut dire exactement et littéralement la « maison de Dieu ». A l'époque d'Angkor, il existait déjà ces types de temples familiaux. Tcheou Ta Kouan[23], qui visitait la capitale khmère en 1296, avait justement remarqué l'existence de ces temples et écrivait en effet que « dans les habitations des princes et des grands officiers, seuls les *temples de famille* et l'appartement principal peuvent être couvert de tuiles, tous les bâtiments périphériques sont couverts de chaume ».

Visnuloka ou Angkor Wat

Maison de Dieu privée du roi Sûryavarman II

Les monuments d'Angkor représentent ainsi les « Maisons des Dieux », édifices religieux personnels des rois, dans les plus pures traditions des cultes hindouistes. La différence avec un simple « Ptah Tevoda » du peuple est qu'ils

---

[23] Tcheou Ta Kouan, *Mémoires sur les coutumes du Cambodge*, op. cit., p. 12.

étaient édifiés par des rois ou des princes avec des proportions naturellement monumentales. Il existe d'ailleurs deux sortes de monuments à Angkor : les monuments plats édifiés à même le niveau du sol ou légèrement surélevés de quelques dizaines de centimètres et les monuments en forme de montagne. Ces derniers étaient construits par les rois pour eux-mêmes. C'étaient leurs monuments religieux privés. C'est le cas par exemple de Sivaloka sur la colline de Yaçodharagiri, actuel Phnom Bakhèng du roi Yaçovarman Ier, du monument appelé Tà Keo du roi Jayavarman V, de Visnuloka ou Angkor Vat du roi Sûryavarman II, du Bayànt ou Bayon à Angkor Thom du roi Jayavarman VII, etc. Evidemment à cause de leurs dimensions plus que monumentales ils étaient confiés à la garde et aux soins des brahmanes.

Ce caractère strictement privé et personnel fait que toutes les cérémonies qui s'y déroulaient, n'étaient jamais de nature publique. Reprocher aux rois d'Angkor de ne pas autoriser le peuple à participer à ces cérémonies relève de l'ignorance pure et simple des traditions hindouistes. Le caractère privé et personnel fait aussi que le successeur d'un roi ne s'occupait jamais du « temple » de son prédécesseur, même si celui-ci était inachevé comme c'est le cas du monument Takeo qui a été laissé inachevé et à l'abandon par le successeur de Jayavarman V.

Les monuments plats n'appartenaient généralement pas au roi mais aux grands princes ou aux très hauts brahmanes du royaume. C'est le cas de Banteay Srei de son nom d'origine Tribhuvanamaheçvarà (le Grand Seigneur des Trois mondes = Siva) qui appartenait au grand brahmane Yajnavaraha, preah guru ou saint maître de Jayavarman V. Ces édifices étaient construits au centre du domaine à la manière du mont Méru qui se trouve au centre de la Terre et de l'Univers. Ils étaient aussi des temples privés, pour les cultes privés du propriétaire des lieux. Ils étaient aussi confiés aux soins des brahmanes qui assuraient en même temps le culte. Le propriétaire du domaine résidait lui-même dans une habitation près de ces monuments.

Tàkeo : inachevé et abandonné

Maison de Dieu privée du roi Jayavarman V

Une autre question est de savoir pourquoi les rois d'Angkor se font enterrer dans ces monuments ? Dans l'hindouisme, le but de chacun est d'atteindre le « moksa » qui n'est ni un paradis merveilleux, ni un nirvâna agréable mais la « libération du samsâra » ou cycle infernal des renaissances. Le but est de ne plus renaître et d'échapper de manière définitive à tous les karmas. Il y a deux manières possibles d'atteindre ce but : entrer dans le monde (loka) de dieu (Shri Aurobindo)[24] ou arriver aux pieds de dieu.

Les monuments des rois d'Angkor représentent aussi le « monde de leur Dieu ». C'est ainsi que le monument du roi Yaçovarman Ier s'appelait à l'origine Sivaloka ou « monde de

---

[24] Shri Aurobindo, *La Bhagavad-Gîtâ*, Albin Michel, Paris 1970, p. 376.

Siva » (loka = monde) et le monument Angkor Vat du roi Sûryavarman II s'appelait à l'origine Visnuloka autrement dit le « monde de Visnu ». Le premier roi était enterré au sommet de Sivaloka et les cendres du deuxième étaient enterrées au sommet de Visnuloka. Cela signifie simplement, aux yeux des Khmers hindouistes, que ces rois étaient entrés dans le monde de leur dieu et qu'ils avaient atteint le moksa ou la libération. Cela ne veut dire en aucune manière que ces monuments sont des mausolées comme disait G. Coedès.

La deuxième manière d'obtenir la « libération » est d'arriver au pied de dieu. Les rois d'Angkor étaient tous arrivés au pied de leur dieu à leur disparition. Leur nom posthume indique cette situation. Ainsi le roi Jayavarman IV avait comme nom posthume Paramasivapàda, ce qui veut dire qu'il est arrivé au pied de Siva (pàda = pied). De même le roi Jayavarman VIII était devenu Paramesvàrapada ce qui signifie qu'il s'était rendu au pied du suprême Siva (esvàra = Siva). Jayavarman VII, tout bouddhiste qu'il fut, s'était rendu aussi au pied de son dieu qui était Bouddha avec son nom posthume de Mahaparama-saugatapàda (saugata = bouddha).

En définitive les monuments d'Angkor ne sont en aucun cas des temples publics ou des mausolées. Ils étaient des monuments religieux privés des rois khmers. Ils représentent des « Maisons des Dieux » ou comme disait Claude Jacques[25] des « Résidences des Dieux ». Ils étaient construits par les rois pour leur culte personnel, dans le cadre strict de la tradition religieuse de l'hindouisme.

---

[25] Claude Jacques et Michael Freeman, *Angkor, Résidences des Dieux,* Ed. Olizane, Genève, 1997.

CHAPITRE 4

LE NAGA ET LES KHMERS

Le **Nâga** est l' animal mythique le plus impressionnant dans l'Histoire de l'humanité. Serpent à son origine, il est devenu au fil des temps et à longueur de siècle un animal fabuleux à têtes multiples et multiformes généralement terrifiantes. Il vit aussi bien au fin fond de la Terre que dans les plus grandes profondeurs des mers et des océans ou aussi plus simplement dans les étangs, les lacs et les rivières. Il peut même se déplacer dans les airs et voyager à travers l'espace.

Le Nâga est un serpent car nâga en sanscrit signifie serpent. Comme le « g » sanscrit devient le « k » en khmer, il devient en khmer le « Néak » (prononcer Neark). Les habitants de Sri Lanka l'appelle « naza » ce qui donne aussi en français le mot « **naja** ». La caractéristique principale du serpent Nâga est le capuchon qu'il a sur sa tête et qu'il peut déployer en une espèce d'éventail en cas de menace ou d'attaque. Il est surtout un animal très venimeux. Sa morsure peut être mortelle.

I. LE NAGA ET LE PEUPLE MUNDA

Les caractères bien particuliers des Nâgas font que cet animal est devenu rapidement pour les hommes un symbole de puissance. Le premier peuple qui a pris le Nâga pour en faire un symbole est le peuple munda, peuple aborigène de l'Inde, ancêtre des Môns et des Khmers. Will Durant[26] écrivait en effet que « le Nâga est le symbole du peuple de l'Inde le plus anciennement connu de l'Histoire ». Un groupe du peuple munda, les Nâgas du Nagaland, territoire situé à la frontière birmane, se considère effectivement comme des descendants du serpent Nâga. Les Wada, un autre groupe du peuple munda ont également donné à leur pays le nom de Nâga-dvipa actuellement le Sri Lanka indiquant bien qu'ils sont aussi des descendants du Nâga. Les Khmers eux-mêmes ont donné à la capitale de leur pays avant le VIIè siècle le nom de Nâgapùri (actuel Angkor Borei) et eux aussi sont les descendants du serpent Nâga.

Les Dravidiens sont arrivés en Inde vers l'an **10000** avant JC. Devenus peuple dominant, ils ont gardé pour eux-mêmes de nombreuses traditions des Munda dont le culte de la Mère et du Père (culte du Mé et Ba chez les Khmers) dans lequel ils ont remplacé et symbolisé le « Père » ou « Ba » par un linga qui est devenu lui-même par la suite le dieu Siva. C'est ainsi qu'est né le culte du linga appelé improprement en Occident « culte du Phallus » devenu plus tard le Sivaïsme (A. Daniélou)[27]. Le symbole du Nâga continue cependant à exister. On trouve en effet des sceaux gravés de l'image des Nâgas datant de 3500 ans avant JC. à Mohenjo Daro, haut lieu de la civilisation de l'Indus dans le Pakistan actuel. Les mêmes sceaux furent aussi retrouvés plus tard en Mésopotamie, à Bahrein et à Kish en Sumérie.

---

[26] Will Durant, *Histoire de la Civilisation* : *Notre héritage oriental*, op. cit., Ch. 14, p. 148.

[27] Alain Daniélou, *Histoire de l'Inde*, Fayard, 2005, p. 47.

II. LE NAGA ET LE BRAHMANISME

L'arrivée des Aryens vers **3200** avant JC signe la fin de la Civilisation de l'Indus. Très barbares, ils ont détruit tout sur leur passage. Mais au fil des temps ils arrivent à élaborer à leur tour une nouvelle civilisation. Graduellement ils ont créé la religion védique puis brahmanique dans laquelle ils ont incorporé le dieu Siva et le linga des Dravidiens à côté de Brahma et Visnu. Avec le brahmanisme c'est aussi l'âge d'or des Nâgas. Omniprésents auprès des dieux, les Nâgas toujours bienveillants et sympathiques vont jouer des rôles innombrables et ils deviennent sinon des divinités, tout au moins des animaux mythiques qui imposent la crainte et le respect.

Un des grands rôles du Nâga est sa participation dans la constitution de l'Univers lui-même. D'après les **Pûranas**, la Bible du Védisme puis du Brahmanisme (B. Baudouin)[28] l'Univers est une sphère séparée en son milieu par un disque plat intermédiaire qui est la Terre, domaine des hommes. L'hémisphère au dessus de la Terre est le Ciel, domaine des dieux[29] divisé lui-même en sept niveaux dont le plus élevé c'est-à-dire le **7è ciel** est la demeure du dieu suprême Brahman. Au dessous de la Terre, c'est l'Enfer, monde des châtiments, divisé lui aussi en sept niveaux. C'est ce qu'on appelle le Tribhuvana ou les « Trois mondes », et finalement c'est le **nâga Vasuki** qui, dans les plus grandes profondeurs du sous-sol, porte cet Univers sur ses sept capuchons. Dans la grande épopée, du nom de Mahabharata, c'est le même nâga Vasuki qui a prêté son corps aux dieux les Devas, et aux démons les Asuras, pour servir de corde afin d'effectuer le barattage de la mer de lait pour obtenir la liqueur de l'immortalité ou **amrita**,

---

[28] Bernard Baudouin, *L'Hindouisme*, Ed. DeVecchi, Paris, 2002, p. 24.

[29] Les dieux hindous n'ont jamais habité dans les montagnes comme disaient certains auteurs français, même au mont Méru. Ils peuvent s'y reposer lorsqu'ils descendent sur Terre, mais sur des montagnes bien spécifiques pour chaque Dieu, comme par exemple le mont Kailâsa pour le dieu Siva.

le baraton étant le mont mandara porté sur le dos de la tortue Kuruma avatar du dieu Visnu.

Nâga Vasuki
à l'entrée d'Angkor Thom

Le Nâga est effectivement un animal très familier du dieu Visnu. Certains disent même qu'il est une incarnation du dieu Visnu. De toute façon, c'est sur le dos du nâga **Ananta** à mille têtes que repose le dieu Visnu dans la mer originelle, en attendant que se reconstruise l'Univers après chaque dissolution universelle ou **Maha prâlaya** par le dieu Siva. On sait en effet que malgré les mises en garde des dieux, les hommes continuent néanmoins à commettre des péchés qui finissent par polluer tout l'Univers. Aussi à la fin de chaque Kalpa, une ère cosmique correspondant à une journée de Brahman, ou aussi à 4 320 000 000 années humaines, Siva est chargé de détruire tout cet Univers (en khmer phloeung chhès kàl) et de reconstruire un nouvel Univers débarrassé évidemment de toute trace de péchés antérieurs. Pour cette raison on dit que Siva est à la fois un dieu destructeur et un dieu créateur.

C'est encore des Nâgas qui offrent leur corps pour former des rampes encadrant l'arc-en-ciel servant d'escalier au dieu Visnu lorsque ce Dieu descend sur Terre. Cet arc-en-ciel, encadré par deux Nâgas représente aussi le pont reliant la Terre (monde des hommes) au Ciel (monde des dieux). La présence d'innombrables Nâgas sur les toits des sanctuaires dans les monuments d'Angkor explique bien qu'il s'agit des animaux qui vivent dans le ciel ou dans l'espace. Les innombrables chaussées et ponts encadrés des deux côtés par les Nâgas sont aussi des allées et des ponts reliant le monde des hommes au monde des Dieux. La chaussée d'entrée à l'ouest d'Angkor Vat traversant la douve symbolise parfaitement ce chemin qui relie le monde extérieur domaine des hommes au monde du dieu Visnu ou Visnuloka (nom d'origine d'Angkor Vat) qui se trouve à l'intérieur.

Nâga à l'entrée d'un pont
Spean Prap Toeus de Jayavarman VII

Le prestige sans égal des Nâgas amena aussi les monarchies de religion brahmanique à créer des légendes selon lesquelles leur reine fondatrice de la dynastie était la fille du Roi des Nâgas ou Sdach Preah Chhong Neak dont le royaume se trouve au fond des océans. A travers le Nâga, les rois donnent ainsi à leur dynastie un caractère sacré. Le choix de la reine comme fondatrice de la dynastie, et non pas le roi, vient du respect pour la tradition matriarcale des mundas-khmers-môns. C'est ce qui se passe pour la dynastie des Pallava et des Gupta en Inde et des Kambuja au Pays khmer, et de bien d'autres encore. Au royaume khmer du **Kambuja** (Chen la pour les Chinois) la légende est celle de Preah Thong et Néang Neak : « Preah Thong prince du Pays de Kambu a pris pour épouse la fille du roi des Nâgas dont le royaume se trouve sous l'île de Kauk Thlok sur laquelle il se repose après la conquête d'une principauté châme. Et Néang Neak devient alors la fondatrice de la dynastie royale des Kambuja appelée **Suryawamçà**. La légende concernant le royaume de **Nâgapùri** ou Angkor Borei (Funan pour les Français) est un peu différente : «La reine khmère Yeay Liv (Thach Toan)[30] a été vaincue par Hun Tien venu de l'Inde. Devenu roi sous le nom de Kaundinya, Hun Tien épousa la reine qui prit alors le nom de Somà et c'est elle, selon le principe du matriarcat[31], qui est la fondatrice de la dynastie royale khmère de Nâgapùri appelée le **Somàwamçà**. Depuis cette époque, il est réputé aussi que la reine Somà est également une fille du roi des Nâgas, fait en tout cas mentionné dans les inscriptions châmes de l'an 658 à My Son au Sud de Danang (actuel Vietnam).

Ces légendes de l'union d'un prince avec une princesse Nâga se retrouvent actuellement chez le peuple khmer dans toutes les cérémonies de mariage, que ce soit pour une famille

---

[30] Thach Toan, *Histoire des Khmers*, L'Harmattan, Paris, 2009, p. 43.

[31] Ce principe du matriarcat fait qu'un usurpateur khmer ne manque jamais d'épouser la veuve de son prédécesseur qu'il avait tué, ou bien la fille de celui-ci, afin d'avoir la légitimité.

royale ou pour une famille du peuple. En effet dans le mariage khmer, le marié est toujours présenté comme un prince avec ses habits d'apparat et son épée sacrée ou preah khan reach, insigne de la royauté des Kambuja. La mariée est aussi en tenue officielle de princesse et elle représente une **nâgi** c'est-à-dire une nâga femelle (on dit nâgini s'il s'agit de la fille d'un nâga). La dernière scène rituelle de la cérémonie consiste pour le prince à suivre la Nâgi dans sa chambre, c'est-à-dire son royaume, en tenant un pan de sa robe qui représente la queue de la nâgi-serpent. Cette scène a une double signification :

1. elle rappelle le mariage originel du prince et de la fille du roi des Nâgas.
2. elle rappelle le principe du matriarcat munda-khmer-môn où le marié doit suivre la femme et non l'inverse.

III. LE NAGA ET LE BOUDDHISME

Le brahmanisme considère bien le Nâga comme un animal prestigieux au service des dieux. Le bouddhisme, apparu vers la fin du VIè siècle avant Jésus Christ, reprend rapidement cette idée à son profit.

La première légende bouddhique sur le Nâga est née chez les **bouddhistes du mahayana** et concerne le Bouddha lui-même : « Un jour alors que Bouddha est assis en cours de méditation survient un violent orage. Pour que Bouddha ne soit pas perturbé par ce phénomène atmosphérique imprévu, un Nâga à sept têtes nommé **Mucilinda,** qui vit dans les profondeurs d'un grand étang voisin, sort de l'eau, met Bouddha sur les replis de son corps et le protège en déployant sur sa tête ses sept capuchons ». C'est à partir de cette légende que l'on voit partout dans tous les pays de religion bouddhique, des statues de Bouddha assis sur un nâga et abrité sous les sept capuchons de cet animal. C'est sous cet aspect aussi qu'à Angkor les Khmers représentèrent le roi Jayavarman VII, bouddhiste du mahayana, et cette immense statue est exposée au sommet du célèbre monument le Bayànt ou actuel Bayon.

Bouddha et le Nâga Mucilinda

(Bouddhisme mahayana)

La deuxième légende bouddhique concerne les bonzes. Etre bonze, c'est quitter ce monde pour aller vivre dans un monastère comme disciple de Bouddha. Etre bonze, c'est tout quitter de ce monde : les parents, les frères et sœurs, les amis, la maison et les biens y compris son nom. Le nouveau bonze est un être nouveau avec un nouveau nom[32] et ses parents ne sont plus ses parents, qu'il n'appelle d'ailleurs plus Père ou Mère mais « Nhôm ». Toutefois, avant de devenir bonze, il y a une étape intermédiaire, c'est de se transformer d'abord en un Nâga. En effet la cérémonie d'ordination du bonze se déroule en trois phases : 1) quitter ses habits de laïc. 2) s'habiller d'une espèce de tunique ou de robe blanche pour se transformer en Nâga. 3) s'habiller en robe jaune pour devenir bonze. C'est la robe blanche qui symbolise le Nâga et le candidat bonze qui porte cette robe est appelé de ce fait le Nâga. Cette tradition vient elle-même de l'histoire suivante : « Il y a bien longtemps existait un Nâga qui était un grand admirateur de Bouddha et qui connaissait parfaitement les préceptes et enseignements de Bouddha. Il désirait bien devenir bonze. Il prit alors l'aspect d'un jeune humain et sollicita l'accord de Bouddha. Celui-ci accepta, et pendant la période de la cérémonie d'ordination, il fut logé dans une pièce commune avec les nombreux autres candidats bonzes. Dans la nuit et pendant qu'il dormait d'un profond sommeil, son corps reprit son aspect naturel d'impressionnant serpent Nâga. A la vue de celui-ci les autres jeunes furent très effrayés et pris de panique. Ils se plaignirent alors auprès de Bouddha et souhaitèrent que le Nâga ne puisse devenir bonze. Très touché par la piété, la sincérité et la sagesse du Nâga, Bouddha trancha le problème de la manière suivante :

1. Le Nâga étant un animal, il ne peut pas se faire ordonner bonze.

2. Tous les futurs bonzes doivent se transformer d'abord en Nâga pour rendre un hommage à celui-ci, avant de devenir un vrai bonze.

---

[32] Le fait pour un bonze d'ajouter son nom de naissance à son nom de bonze, n'est pas conforme au principe du bouddhisme, même si à l'époque de Bouddha les premiers disciples ont tous gardé leur nom d'origine comme Ananda et Sariputra.

Bouddha

(Bouddhisme Hinayana)

Et voilà pourquoi tous les bonzes actuels, où qu'ils se trouvent, ont été une fois dans leur vie un Nâga. Puis, de légende en légende, le Nâga brahmanique et bouddhique mahayana devient aussi un animal familier du bouddhisme hinayana. On le trouve à profusion dans toutes les pagodes. On le trouve à l'entrée, sur les murs, les escaliers et les terrasses et aussi sur tous les toits des Vihara ou Vihear indiquant bien qu'il est aussi un être céleste côtoyant parfois, sans le vouloir, l'oiseau mythique **Garuda**, son seul ennemi intime.

IV. LE NAGA ET LE MONDE CHINOIS

Le monde chinois - la Chine, la Corée, le Japon et le Viêtnam.- possède aussi son animal mythique et fabuleux à l'instar du Nâga khméro-hindou. Il s'agit en fait du « **Dragon** » que les Khmers appellent également Neak. Les Chinois le désignent sous le nom de « **Long** ». Ce dragon vit aussi bien dans les eaux que dans les airs. Sa présence sur toutes les toitures des temples et monuments indique sa nature céleste. Tous les empereurs de Chine prétendent qu'ils descendent du dragon. La tenue d'apparat des empereurs de Chine est toujours brodée des images de dragons. Cette tradition remonte seulement à l'époque des rois Han, c'est-à-dire vers l'an 202 avant Jésus Christ, donc bien postérieur de plusieurs millénaires à l'histoire du Nâga indo-khmer. Les dragons coréens et japonais ont beaucoup de similitudes avec le dragon chinois y compris leurs significations.

Au Viêtnam c'est le peuple qui descend du dragon. Les Viêts appellent le dragon « long » ou « rông ». D'après les légendes viêtnamiennes, il y avait au début un prince nommé Lac Long Quân. Sa mère était la fille du roi des dragons régnant sur un royaume au fond de la mer. Lac Long Quân, dont le nom signifie le Seigneur Dragon (long = dragon, quân = seigneur) du pays de Lac, épousa ensuite une fée du nom de Au Co'. Celle-ci accoucha ensuite d'un sac placentaire contenant cent œufs. L'éclosion donna naissance à cent enfants dont cinquante ont suivi leur père pour aller vivre au fond de la mer et cinquante autres ont suivi leur mère dans les montagnes au nord du Yun Nan. Ces derniers ont choisi leur aîné, le plus courageux de tous, nommé Hùng (hùng = brave) pour les diriger (P. Huard)[33]. Ce sont eux qui ont donné naissance au peuple viêt et c'est pourquoi les Viêts disent aussi qu'ils sont des fils du dragon et des petits-fils de fée, en viêtnamien « con rông chau tiên » (tiên = fée).

---

[33] Pierre Huard et Maurice Durand, *Connaissance du Viêtnam*, EFEO Paris, 2002 réimp, p. 7.

Dragon chinois

Le dragon du monde chinois, bien qu'il ait un corps de serpent, n'est pas un serpent. Il est une **chimère**, un animal imaginaire composite dont le corps est la réunion de neuf espèces différentes, le **9** étant un chiffre porte-bonheur chinois. Le dragon du monde chinois possède en effet une tête de crocodile ou de chameau, des yeux de lièvre, des bois de cerfs, des oreilles de buffle, des barbillons- nageoires- écailles de la carpe, un corps de serpent, un ventre recouvert de coquillages, des pattes de tigre et des serres d'aigle. Il possède ou non des barbes et des petites variantes peuvent bien exister d'un pays à l'autre.

En définitive le dragon du monde chinois n'est pas un Nâga. Il est complètement différent du Nâga, tout comme le monde chinois qui diffère lui aussi totalement du monde indo-khmer.

CHAPITRE 5

REGIME POLITIQUE KHMER
DU Ier AU XIVe SIECLE

Les rois khmers d'Angkor portent généralement le titre de **Devarâja**. En tout cas ils sont toujours reconnus comme des Devarâja. Pour le sanscrit, langue officielle khmère de cette époque, Deva signifie Dieu et Râja signifie Roi. Les grands auteurs traduisirent alors Devarâja par « Dieu-Roi » sous-entendu que le Roi est Dieu. On parle aussi du culte du « **Dieu-Roi** ». De cette manière et par cette seule déduction, on arrive rapidement à considérer que le roi khmer est un monarque absolu, se trouvant au dessus de tout comme Dieu en personne et qu'il fait tout seulement selon son bon plaisir sinon selon ses caprices. C'est ce qu'a affirmé notamment Georges Coedès[34] qui écrivait : « Le souverain khmer, pour qui régner consiste à

---

[34] Georges Coedès, *Les Etats hindouisés d'Indochine et d'Indonésie*, Ed. De Boccard, 1989, p. 222.

59

manger sa royauté, apparaît moins comme un administrateur que comme un Dieu sur Terre ».

Pour plus de compréhension, il faut savoir que Devarâja n'est pas « Dieu est le Roi » ou « le Roi est Dieu ». En sanscrit comme en anglais, un adjectif se place devant le nom qu'il qualifie et l'adjectif deva ici signifie « divin » (le mot français divin vient justement du sanscrit deva) d'où Devarâja veut dire finalement « **le Roi est divin** » ou bien « le Roi est d'essence divine ».

En tout cas le Roi khmer n'est pas Dieu et pour bien préciser cette situation, les Khmers de cette époque, du Ier au XIVè siècle, ont pris le soin d'attribuer à tous les rois le nom de « **man** » qui veut dire « homme » (toujours comme en anglais) et Jayavarman par exemple signifie l'homme (man) qui est protégé (vara) par la victoire (jaya). De même le roi Sûryavarman signifie l'homme qui est protégé par le Soleil (sûrya = soleil). Pour ce qui est de dire que régner (en khmer sôy reach) consiste à manger sa royauté, cela provient d'une mauvaise traduction du terme khmer sôy reach. S'il est vrai que sôy signifie manger en ce qui concerne le roi, **sôy reach** vient en fait du sanscrit « **suya râja** » (suya = créer, râja = roi) et cela veut dire « le roi qui a été créé » ou « **le roi qui a été intronisé** ». En France, le mot roi désigne le souverain. En khmer le mot roi ou Sdach est donné à tous les membres de la famille royale. Un prince est aussi un Sdach ou roi et pour distinguer le roi régnant des autres princes, on dit qu'il est le « roi intronisé » c'est-à-dire « sdach sôy reach » sous-entendu que les autres ne le sont pas.

Cela dit, au Pays khmer il y avait des rois. Le régime politique des Khmers était une monarchie. Bien plus, il s'agit d'une **monarchie constitutionnelle** avec cette nuance près que cette « Constitution », qui est le **Veda**, n'est pas écrite par les représentants du peuple mais par Dieu lui-même.

Du Ier au milieu du XIVè siècle, le Pays khmer vivait sous un système religieux très strict à savoir la religion brahmanique. Si l'Etat n'a pas la forme théocratique comme on l'entend habituellement, où ce sont les religieux qui gouvernent comme les ayatollahs en Iran ou le Dalaï Lama au Tibet, il n'en reste pas moins qu'il y a un écrit sacré que tout le monde sans exception doit respecter, et c'est le **Veda**. Il est réputé que cet immense ouvrage a été écrit par des rishis ou «saints hommes » sous la dictée du Dieu Sivà[35] tout comme plus tard le Coran qui a été dicté par l'ange Gabriel à Mahomet. Le Veda qui veut dire le « Savoir » ou Connaissance est la « Bible » de la religion brahmanique. Le Veda est aussi la « **Constitution** » des Etats de religion brahmanique dont naturellement le royaume khmer. A ce titre il définit très précisément le rôle de chacun dans le pays et divise la société humaine en classes sociales appelées « varna » ou castes (varna veut dire couleur et les Portugais traduisent par casta ou pur d'où le mot caste) au nombre de quatre comme on sait avec les brahmanes, les ksatriyas, les vaisyas et les sûdras. En France avant la Révolution de 1789, il y avait aussi des classes sociales avec le Clergé, la Noblesse, le Tiers-état et accessoirement les serfs.

Il est vrai que dans l'application, cette division en castes est moins nette au Pays khmer qu'en Inde, mais les deux premières restent bien individualisées. Le roi khmer appartient à la caste des ksatriyas. Il n'est classé qu'au 2è rang dans la hiérarchie du brahmanisme. Il a des devoirs qui sont sacrés puisque ceux-ci sont prescrits par le Veda, autrement dit, par Dieu. Le premier devoir est de défendre le Dharma qu'il faut entendre surtout comme les règles de vie et des traditions ou des obligations fixées à chacun selon sa caste. Les devoirs de défendre la Cité et de protéger le peuple sont de bien nobles causes. Bien que les rois khmers disposent de très grands pouvoirs, ils n'ont pas les pouvoirs absolus, car ils sont limités en cela par leurs devoirs et par la puissance des brahmanes. Durant toute sa vie le roi est

---

[35] Avec l'Hindouisme tout était réalisé sous la dictée de Dieu. Ainsi les monuments d'Angkor ont été construits aussi sous la direction divine. Les architectes ne faisaient qu'exécuter les volontés de Dieu, c'est ce qui explique l'absence de leurs noms dans ces monuments.

suivi et conseillé par un brahmane qui est son guru puis son **preah guru** ou saint maître et **purohit** ou chapelain. C'est aussi son preah guru qui est le destinataire de toutes les décisions royales prises en Conseil des ministres (B. Dagens)[36] autrement dit, il est aussi son premier ministre. Les brahmanes forment en effet une caste à part, la première dans la société et ils ont pratiquement tous les privilèges sans avoir les devoirs. Ils ne relèvent pas de la juridiction royale et ne peuvent être punis que par leur propre Dieu qui n'est pas de ce monde. Leur personne est sacrée après une période de formation appelée le **brahmachari** et une cérémonie solennelle dite des « trois cordons ». Dans la pratique ils tiennent surtout leurs pouvoirs du monopole de la science et du savoir, du monopole de l'enseignement et de la formation de la jeunesse. Leur seul devoir est d'étudier le Veda.

C'est cela le régime politique du royaume khmer du Ier au XIVè siècle. C'était une monarchie constitutionnelle. Elle était surtout au bénéfice d'une caste, les brahmanes. C'est ce qu'avait résumé H. Oldenberg[37] qui disait : « L'incarnation visible de l'au-delà ici-bas est la caste des brahmanes. A eux appartiennent la science et la puissance. Aucune volonté humaine n'ose secouer cet ordre établi par Dieu qui livre le peuple au pouvoir du roi et le roi au pouvoir du prêtre ».

---

[36] Bruno Dagens, *Les Khmers*, Les Belles Lettres, Paris, 2005, p. 95.
[37] Hermann Oldenberg, *Bouddha : vie et religion*, Ed. Jean de Bonnot, Paris, 1998, pp. 18-19.

CHAPITRE 6

EMPIRE KHMER OU MAHA NOKOR KHMER

Les Khmers d'Angkor appelaient leur pays le **Maha nokor khmer**, c'est-à-dire le « Grand Pays khmer ». *Comment ce grand pays s'organisait-il ? Avait-il un régime féodal ou un régime impérial ? Autrement dit, le Maha nokor khmer était-il un royaume féodal ou un empire ?*

I. LE ROYAUME FEODAL

La féodalité est le système politique d'un pays où le pouvoir se partage entre d'une part le souverain appelé « **roi suzerain** » et d'autre part plusieurs autres seigneurs dits « **vassaux** » à qui le roi avait confié des domaines ou des territoires plus ou moins grands appelés **fiefs**. A l'origine c'étaient des chefs de guerre qui partageaient ainsi des terres de conquête avec leurs compagnons d'armes. En France vers l'an 781, Charlemagne institua pour l'occasion la fameuse cérémonie dite de « recommandation » qui consacrait alors de manière solennelle le rang et le titre de seigneur vassal à son compagnon, à qui il remettait une épée comme symbole du nouveau pouvoir. Ce vassal avait aussi pour obligation de prêter serment de fidélité à son suzerain. C'est en tout cas ce qu'il avait fait pour son compagnon d'armes, le célèbre chevalier Roland à qui il avait remis la non moins célèbre épée Durandal.

La **féodalité** est un système bipartite, le suzerain et ses vassaux, avec des droits et des devoirs réciproques. Le roi suzerain doit à ses vassaux la protection notamment contre une agression extérieure. Il les représente auprès des cours ou royaumes étrangers. Le vassal doit à son suzerain « foi et hommage » c'est-à-dire aide et conseil et se tient à son service. Il doit fournir notamment un contingent de soldats en cas de guerre. Le territoire concédé par le suzerain ne l'est qu'à titre précaire et le suzerain peut le reprendre à tout moment notamment à la mort du seigneur vassal. Toutefois, dans la pratique le suzerain confie toujours ledit territoire au fils du vassal défunt et celui-ci devient à son tour un seigneur vassal du même souverain.

Le roi suzerain possède ses propres terres dont l'ensemble constitue ce qu'on appelle le « **domaine royal** » sur lequel il exerce un pouvoir réel. Ce domaine royal pouvait être réduit ou très réduit. En France sous Hugues Capet (897-994) il ne s'étendait guère que sur une zone limitée de l'Ile-de-France comprenant Paris, Etampes, Orléans, Poissy, Compiègne, Senlis, Attigny et Montreuil-sur-Mer. Le suzerain porte le nom de « roi de France » sous-entendu qu'il règne aussi bien sur son domaine royal que sur les territoires de tous ses vassaux. L'ensemble, le domaine royal et les territoires des seigneurs vassaux, constitue le « royaume de France ». Le suzerain est le seul à porter le titre de « roi », les autres vassaux ont suivant leur importance ou leur puissance, les noms de ducs, de comtes, de vicomtes et barons, marquis, etc. On peut citer comme exemples les ducs de Normandie ou de Bretagne, les Comtes d'Anjou, de Blois, de Poitou, de Touraine ou de Provence, etc. Il existait en définitive des dizaines et des dizaines de seigneuries diverses appelées aussi des duchés, comtés, baronnies, etc. Les châteaux forts, demeures des seigneurs, sont les symboles de cette organisation féodale. Construits généralement sur les hauteurs, ils sont entourés souvent de plusieurs remparts dont le premier forme la première enceinte fortifiée pour assurer la défense. L'ensemble est protégé en plus par des douves, c'est-à-dire des fosses remplies d'eau et l'accès au château se fait par un pont-levis qu'on lèvera la nuit pour fermer ainsi complètement le château. Les habitants qui habitent en dehors du château peuvent s'y réfugier aussi en cas d'attaque ennemie. Enfin, dans la société féodale, les hommes sont répartis en trois ordres hiérarchisés qui sont le clergé, la noblesse et le tiers-état. A cela on peut ajouter aussi les serfs qui sont des esclaves attachés à la terre du seigneur, ce qui donne finalement une société avec quatre castes.

Le régime féodal n'est pas propre à l'Occident, ni à la France du Moyen-Age. Avec la naissance de l'hindouisme, soit bien quinze siècles avant Jésus Christ, un tel régime avait déjà vu le jour en Inde. Ce régime fut ensuite introduit au Pays khmer en l'an 50 de l'ère chrétienne par le brahmane hindou Kaundinya. C'est ce régime de type féodal qui a été appliqué sans discontinuité au Pays khmer durant toute la période hindouiste, c'est-à-dire de l'an 50 jusqu'à l'an 1336 après Jésus Christ.

Le Grand Pays khmer ou Maha Nokor khmer comprenait toute la Thaïlande actuelle, le Cambodge actuel et le tiers sud du Viêtnam ou ancienne Cochinchine française. La population de cet ensemble était khmère, avec ses légères différences ou particularités régionales comme dans tous les pays du monde. Le chiffre de cette population était très faible. On l'estime à 20 ou 22 millions d'habitants à la grande époque d'Angkor c'est-à-dire du IXè au XIIIè siècle. A cette population on peut ajouter un grand nombre de tribus diverses dont certaines étaient nomades et d'autres plus ou moins sédentaires, habitant dans les forêts ou dans les montagnes plus ou moins inaccessibles. Une partie de cette population est d'origine khmer-môn comme les Khmers eux-mêmes, d'autres étaient d'ethnies différentes avec notamment les Thaïs dans les régions du nord de la Thaïlande actuelle, le nord du Laos et le nord du Viêtnam. Bien qu'ils aient défendu leur territoire, ces tribus n'avaient pas vocation à devenir des nations pas plus qu'elles ne voulaient former des Etats autonomes.

Le Grand Pays khmer était strictement identique au royaume de France. Il était placé sous l'autorité d'un roi unique, le roi suzerain et l'administration de l'ensemble était partagée entre ce suzerain et ses nombreux vassaux. En France, le suzerain avait le titre de « roi », les vassaux étaient des ducs, des comtes, des vicomtes, des barons, etc. Au Grand Pays khmer il n'y avait qu'un seul titre pour désigner tous ces hauts personnages : c'est le mot roi ou « **Sdach** ». Même un prince ordinaire avait aussi le titre de roi ou sdach. Pour distinguer le suzerain de ses vassaux, les Khmers utilisent des qualificatifs. Ainsi seul le roi suzerain avait le nom de « **varman** » comme par exemple le roi Sûryavarman ou le roi Jayavarman et le titre de **Chakravatin** ou de **Sàrvvabhauma** qui veut dire le « roi de l'Univers ». Dans le quotidien on l'appelle « Preah Maha Ksatr » ou Saint Grand Roi. Tous les seigneurs vassaux avaient le même et seul titre de « **Sdach Tranh** » [38] qui signifie « le roi ayant le droit de vie et de mort sur ses sujets dans son territoire ». Au Pays khmer, les rois avaient effectivement le droit de vie ou de mort sur ses sujets. Les Khmers, même aujourd'hui, utilisent toujours l'expression « Mchàs chivit loeu tbaung » pour s'adresser à leur roi, expression qui désigne le roi comme « le Maître de leur vie qu'ils exposent sur leur tête » et ils se désignent eux-mêmes par « Knhom krom lââng thuli preah bat » qui veut dire « l'esclave qui se trouve sous les poussières de vos saints pieds ».

---

[38] Institut bouddhique : *Dictionnaire cambodgien*, 5è éd., Ed. Institut bouddhique, Phnom Penh, 1967, Tome 1.

Le Grand Pays khmer ressemblait en tout point à la France médiévale. Son territoire était partagé entre le « Saint grand roi » et les « Sdach tranh », entre le suzerain et ses vassaux. Le domaine royal, territoire propre du roi suzerain, comprenait une partie du Cambodge actuel dont la limite nord se trouvait au niveau de la région de Kompong Cham et tout le sud du Viêtnam (ancienne Cochinchine française). Ce domaine royal était désigné sous le nom de **Funan** ou Région du sud par les Chinois. C'est le fameux « royaume de la Montagne » des savants français qui confondaient le mot Funan avec Phnom ou montagne en khmer. Ce royaume propre du souverain khmer s'appelait au VIIè siècle le **royaume de Nâgapùri** (actuel Angkor Borei). En effet comme les Hindous, les Khmers prenaient toujours le nom de leur capitale ou le nom de la dynastie régnante pour désigner leur royaume (Michel Angot)[39]. Nâgapùri ici désignait la capitale. Comme la capitale était susceptible d'être déplacée, le nom du royaume khmer changeait aussi avec le temps et les siècles. Les terres des rois vassaux ou **fiefs** s'appelaient aussi « royaumes » puisque ces seigneurs khmers portaient le titre de roi ou Sdach Tranh. Evidemment ces royaumes vassaux étaient très nombreux. On en comptait selon les inscriptions jusqu'à 100 sous le règne du roi Sûryavarman II (1112-1150) et 90 sous le règne de Jayavarman VII (1181-1221). On peut citer quelques uns de ces royaumes dans le Pays khmer actuel ou Cambodge avec Indrapura ou Kompong Cham, Içànapura ou Sambor Prei Kuk, Hariharalaya ou Roluos, Malyang ou Battambang, Mongkolpùri ou actuel Mongkolborei, Sivapùra ou Moat Chhruk (Chaudôc). On peut encore identifier un grand nombre de ces royaumes vassaux dans le territoire de la Thaïlande actuelle et qui faisaient évidemment partie du Grand Pays khmer avec : Sukhôdaya actuel Sûkhotai, Lavodaya ou Lopburi, Râjasimà ou Raxasimà, Prachimpùri ou Pachinpuri, Nagara Sri Dharmarâja ou Nakhon Si Thammarat, etc. Les noms de ces royaumes

---

[39] Michel Angot, *L'Inde classique*, Ed. Les belles Lettres, Paris, 2002, p. 26.

étaient aussi, selon les traditions hindoues, les noms des capitales vassales où résidaient les Sdach Tranh. Il n'existait pas de châteaux forts mais des villes protégées par une enceinte sous forme de palissade en bois, et parfois aussi d'une douve de protection. Il faut attendre le roi Jayavarman VII en 1181 pour voir Angkor, la première ville fortifiée, entourée d'une muraille de pierre de 8 m de hauteur et d'une douve de 100 m de large sur un pourtour carré de 3 km de côté.

Au Grand Pays khmer, la Sainte Epée Royale ou « Preah Khan Reach » est l'insigne et le symbole de la royauté. Il suffisait parfois de la posséder pour obtenir avec légitimité le trône. C'est notamment le cas avec Sri Indravarman (1295-1307) au sujet duquel Tcheou Ta Kouan[40] avait rapporté ceci « *Le nouveau prince est le gendre de l'ancien souverain (Jayavarman VIII). Le beau-père aimait sa fille ; la fille lui déroba l'épée d'or et la porta à son mari. Le vrai fils fut par suite privé de succession* ». Le gendre ayant possédé la fameuse épée était ainsi devenu roi légitimement.

Le roi vassal khmer n'a pas droit à la possession d'une telle épée. Il n'était que le représentant du suzerain dans son royaume. Il prêtait aussi serment de fidélité. Il lui était interdit de posséder une armée en dehors d'une petite garde personnelle. Il avait le devoir de fournir un contingent militaire au souverain en cas de guerre. Il devait apporter à son suzerain un tribut annuel composé d'or, d'argent et d'autres biens notamment des produits agricoles. Réciproquement le grand roi khmer assurait à son vassal sa protection contre une agression extérieure. Il les représentait auprès des rois étrangers. Ce fait explique que l'Empereur de Chine à cette époque n'avait de relation qu'avec le roi suzerain de Nâgapùri (Funan) puis d'Angkor à partir du Xè siècle et ignorait totalement l'existence de ces royaumes vassaux. Le diplomate chinois Tcheou Ta Kouan considérait d'ailleurs ces royaumes vassaux comme étant des provinces.

---

[40] Tcheou Ta Kouan, *Mémoires sur les coutumes du Cambodge*, op. cit., p. 34.

La société féodale khmère comportait comme la société féodale en France quatre classes sociales définies par le Veda à savoir les brahmanes ou religieux, les ksatriyas correspondant à la classe de la noblesse, les vaisyas ou producteurs économiques et les sûdras ou esclaves. Il y avait ainsi comme on dit ceux qui prient, ceux qui combattent et ceux qui travaillent avec en plus des esclaves qui servent les trois classes précédentes.

II. L'EMPIRE KHMER

On connaît l'Empire romain fondé par Jules César, le Saint Empire Romain Germanique, l'Empire byzantin, l'Empire Ottoman, l'Empire d'Occident de Charlemagne, le 1er Empire de Napoléon 1er, l'Empire colonial français, l'Empire britannique, l'Empire soviétique, l'Empire du Milieu des Chinois, l'Empire du Soleil Levant des Japonais, etc. Le mot « **empire** » semble être cependant assez mal défini. Il existe bien des nuances et non des moindres entre l'Empire de Napoléon 1er et l'Empire soviétique, entre l'Empire colonial français et l'Empire du Milieu ou du Soleil Levant.

Le mot empire vient en fait du latin « **imperator** » d'où dérive aussi le mot impérial. Les spécialistes de l'Histoire romaine racontent que lorsque César remportait une bataille, ses soldats vinrent l'acclamer aux cris de imperator ! imperator ! Et on traduisit par la suite imperator par **empereur**. Jules César arriva au pouvoir suprême en passant par des batailles, des conquêtes militaires et des victoires acquises par les armes. C'était la gloire personnelle qui l'amena au sommet de l'Etat à la différence des rois qui ont obtenu le trône par le droit divin. Il n'empêche que l'empereur est plus grand que les rois et le pouvoir impérial est largement supérieur au pouvoir royal.

L'Empire, dans son sens probablement restreint mais certainement admis par le plus grand nombre des gens, a comme modèle l'Empire de Jules César ou l'Empire français de Napoléon 1er. Il s'agit en effet d'une communauté d'Etats née

Maha Nokor khmer

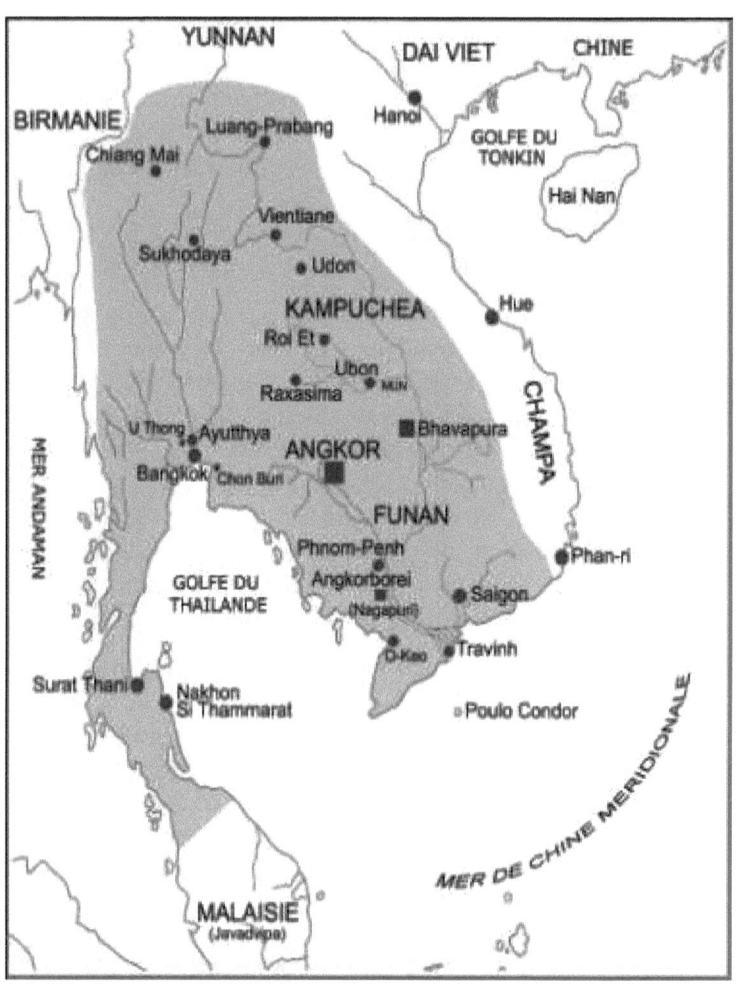

Le Grand Pays khmer sous Jayavarman VII

des guerres et des conquêtes et dirigée par un souverain unique appelé empereur. Ces Etats sont constitués aussi par des nations différentes. Il y avait pour Napoléon 1er le royaume de France propre à l'empereur, puis les royaumes d'Italie, d'Espagne, de Hollande, de Naples, de Sicile .... Les peuples étrangers à la France étaient les Italiens, Espagnols, Hollandais, Napolitains et Siciliens, etc. L'empereur était le roi de tous les rois de ces différents pays qui composaient l'Empire.

Le Grand Pays khmer a été, aux yeux des historiens, un « empire » et on parle alors d'Empire khmer. *Quels sont les faits historiques qui autorisent ce terme d'Empire khmer ?* Dans certains pays, les rois se proclament empereurs ou « rois des rois » mais cela ne fait pas de leur pays un empire pour autant. D'autres décrètent que leurs pays sont des empires et qu'eux-mêmes sont des empereurs. C'est le cas par exemple de l'empereur du Centrafrique, mais cela n'a pas suffi à former un véritable empire non plus. Deux critères principaux semblent être nécessaires pour définir un empire : l'existence de plusieurs Etats différents et l'existence de plusieurs nations différentes l'ensemble étant réuni sous l'autorité de l'empereur.

1. Notions de plusieurs royaumes

Pour de nombreux historiens, l'Empire khmer est né en l'an 802, année du couronnement du roi Jayavarman II, et il a disparu en 1352 année de la prise d'Angkor par les Siamois. Claude Jacques[41] écrivait que « le prestigieux fondateur de cet empire était Jayavarman II ». L'avènement de ce roi était en effet digne d'une grande épopée. Le Grand pays khmer à cette époque était disloqué et en pleine anarchie, suite probablement à un raid des pirates de Java ou de Sumatra au cours duquel disparut toute la famille régnante. Les différents rois vassaux, en l'absence du suzerain, se prétendaient alors, les uns et les autres, des rois suzerains, d'où l'apparition de rivalités et de troubles plus ou moins généralisés. Les inscriptions d'une stèle[42] de Sdok Koh Thom (L. Finot)[43] indiquent que

---

[41] Claude Jacques et Michaël Freeman, *Angkor : Résidences des dieux*, Ed. Olizane, Genève, 1992, p. 61.

[42] Cette stèle se trouve actuellement au Musée National de Bangkok.

Jayavarman II, venu lui-même de Javadvipa (Malaisie), s'était mis à la conquête du pays et au rétablissement du pouvoir central. D'abord installé à Indrapura (Kompong-Cham), il entreprit un périple qui le mena dans toutes les régions du nord du Cambodge actuel comme en témoignent ses différentes résidences ou capitales dont Kuti (Banteay Kdei), Hariharalaya (Roluos), Amarindrapura dans la région d'Angkor puis à Mahendraparvata (Phnom Kulên). C'est au sommet de cette montagne qu'il s'était fait couronner solennellement en l'an 802 en prenant le titre de « devarâja » et de « chakravartin » ou roi universel. Il retourna peu de temps après à Hariharalaya[44] où il mourut en l'an 850, c'est-à-dire après 48 ans de règne.

Le grand mérite de Jayavarman II était d'avoir réussi à rétablir la royauté khmère dans la plénitude de ses pouvoirs et de rétablir aussi l'unité khmère. Il a combattu nombre de rois anciennement vassaux et conquis aussi nombre de royaumes des Sdach Tranh. Il n'avait envahi ni conquis à aucun moment un seul royaume étranger. A ce titre le mot Empire khmer ne correspond pas du tout à la situation de cette époque.

2. Notions de plusieurs nations différentes

La conquête de Jayavarman II n'a pas été faite au détriment d'une seule nation étrangère. Tous les territoires mentionnés dans la stèle de Sdok Koh Thom étaient peuplés uniquement de Khmers comme ils le sont encore à l'heure actuelle. Roi des rois ou Maha Râja, Jayavarman II contrôlait certainement aussi le royaume (vassal) du Kambuja, berceau de ses ancêtres situé au nord-est de la Thaïlande actuelle. Ce royaume était aussi un royaume khmer, peuplé de Khmers dont les descendants se rencontrent encore aujourd'hui à Surin, Ubon et Udon.

---

[43] Louis Finot, *L'inscription de Sdok Koh Thom*, BEFEO, XV, 2, pp. 53-106.

[44] Hariharalaya : vient de Hari = Visnu, Hara = Siva, Laya = Maison ou Domaine, et Hariharalaya veut dire le domaine de Visnu et Siva. De même Himalaya veut dire le domaine du froid (hima = froid ou glace).

Sous les règnes de Sûryavarman II (1113-1150) et du roi Jayavarman VII (1181–1121) le Grand Pays khmer englobait aussi toute la Thaïlande actuelle comme on l'a déjà vu. Cette partie du Pays khmer était aussi divisée en de nombreuses principautés vassales. **L'ensemble était peuplé uniquement de Khmers**. Les Siamois (les vrais) étaient présents seulement dans la région frontalière du Yun Nan et ils n'ont obtenu l'autonomie de Sukhôtai sous leur direction qu'en l'an **1238**, c'est-à-dire au 13è siècle. Il n'y avait pas d'autres populations ni d'autres nations que les Khmers en dehors de quelques tribus dispersées dans les forêts ou les montagnes.

Au 20è siècle, certains historiens, n'ayant pas trouvé des Khmers en Thaïlande, avaient pensé que ce pays était peuplé par d'autres nations différentes des Khmers et soumises à l'Empire khmer. Si cela avait été le cas, on aurait trouvé aujourd'hui les descendants de ces peuples étrangers aux Khmers. En fait, les Khmers de ces territoires étaient simplement transformés en Siamois par l'adoption de la nouvelle culture « khmèro-siamoise » créée par Râma Kamhèng roi de Sukhôtai en 1243. Les Chinois eux-mêmes, très nombreux dans ce pays, furent obligés aussi de devenir Siamois depuis que le roi Râma VI (1910-1925) a décrété la « loi sur la famille » imposant à chaque citoyen de choisir un nom de famille, nom siamois évidemment, dans une liste officielle créée à cet effet.

La disparition des Khmers est due aussi à la la guerre mais cela est valable surtout dans les territoires contrôlés par les Khmers et non pas dans les territoires devenus siamois. Michel Jacq-Hergoualc'h[45] a écrit : « Si les conflits causaient peu de morts en eux-mêmes, ils provoquaient des déplacements massifs des populations entières conduites de force sur le territoire des vainqueurs, sans oublier la destruction systématique des villages, villes et rizières qui condamnaient les

---

[45] Michel Jacq-Hergoualc'h, *Le Siam*, Ed. Les belles Lettres, Paris, 2004, p. 33.

survivants à la famine et donc aux maladies. Toute l'histoire de l'Asie du Sud-Est est jalonnée de faits semblables qui montrent que le plus important, à l'époque, n'était pas tant le contrôle obligé d'un pays que sa destruction et la déportation chez le vainqueur de sa population, source de richesse potentielle dans le contexte de royaumes sous-peuplés ». En 1352, à la chute d'Angkor, les Siamois ont emmené chez eux au moins 100 000 Khmers de cette ville, ne laissant sur place qu'environ 10 000 individus pour leur service et ils ont tout brûlé sur leur chemin de retour. En 1794, après l'annexion des provinces khmères de Battambâng, Sisophon et Siêmreap avec la complicité du gouverneur khmer dénommé Bên, le roi Râma I (1782-1809) procéda aussi à une déportation massive et totale des Khmers de ces régions vers Bangkok pour servir d'esclaves. Cela explique aussi que les Français ont dû repeupler ces régions avec des Khmers de Cochinchine ou Kampuchéa Krom lorsqu'ils ont repris ces mêmes territoires aux Siamois en 1907. Ces Khmers, prisonniers de guerre ou déportés, devinrent ensuite des esclaves et ils disparurent dans les travaux et la misère. Leurs descendants restaient aussi à l'état d'esclaves comme les sûdras.

Le Grand Pays khmer n'a jamais conquis un royaume étranger ni dominé une nation étrangère. C'est d'ailleurs le propre des royaumes hindouistes qui ne cherchaient pas à annexer leurs voisins mais à obtenir une soumission et le versement d'un tribut annuel. L'occupation du Champâ par Jayavarman VII de 1203 à 1221 n'était que la revanche d'une occupation d'Angkor par les Châms de 1177 à 1181.

Le Grand Pays khmer n'a jamais été un Empire au sens propre du terme. Admettre que le Grand Pays khmer était un empire serait réduire le royaume originel des Khmers au simple « domaine royal » de son roi suzerain (royaume de Nâgapùri) avec seulement une partie du Cambodge actuel et le tiers-sud du Viêtnam. Ce serait aussi considérer que la partie thaïlandaise du Grand Pays khmer était étrangère aux Khmers. Ce serait surtout une vue non conforme à l'Histoire khmère. Le Grand Pays khmer était tout simplement le **Maha Nokor Khmer**.

CHAPITRE 7

LE CULTE DU DIEU-ROI

I. LES RELIGIONS DES KHMERS

A l'origine, les Khmers ne croyaient pas en dieu. Ils pratiquaient le culte de la « Mère » et du « Père » appelé **culte du « Mé-Ba »** où Mé est la mère et « Ba » est le père. Plus tard, la « Mère » est assimilée à la déesse **Terre** et le « Père » est assimilé à la déesse **Eau**. On représente la déesse Terre (**dieu du sol**) par une jeune fille avec une longue chevelure qui lui descend jusqu'à la cheville. Elle est surnommée aussi Néang Kâng Hing. La déesse Eau est symbolisée par un Crocodile. Ces deux divinités forment un couple inséparable qu'on peut rencontrer encore actuellement partout au Pays khmer sous forme de statues, peintures et autres bannières de colorations diverses. Aujourd'hui encore, les Khmers continuent à honorer ces divinités, même si dans la pratique, ils ignorent plus ou moins leurs significations. L'autre particularité des Khmers est qu'ils respectent aussi les « **Neak Tà** » qui sont des « esprits » qui habitent dans les arbres, les forêts et les montagnes. Ce fait

Néang Kâng Hing

Dieu du Sol khmer

relève plutôt de l'animisme et il n'est pas un culte au sens propre du terme.

Au début de l'ère chrétienne, vers l'an 50 après Jésus Christ, le brahmane hindou Kaundinya s'était emparé du royaume khmer. Il devint roi du pays et amena avec lui sa religion, **l'hindouisme**. Celle-ci devint la religion dominante au Pays khmer jusqu'à l'an 1336, soit pendant treize siècles. Avec l'hindouisme c'est aussi l'arrivée de la culture pré-védique et védique avec ses divinités diverses dont le Feu, le Soleil, la Lune, la Terre, l'Eau, etc. Indra est le dieu des dieux. Avec l'hindouisme, c'est aussi le temps de la culture brahmanique avec ses dieux Brahma, Visnu et Siva.

Khtôm Neak Tà
Esprit de l'Arbre ou Génie protecteur

Pendant toute cette période de l'hindouisme, c'est-à-dire du Ier au XIVè siècle, il existait aussi au Pays khmer une autre religion : **le bouddhisme du mahayana.** Cette religion était arrivée chez les Khmers au début de l'ère chrétienne. Il reconnaît Bouddha non seulement comme Dieu mais aussi comme un Saint secourable ou bodhisattva. Bouddha Sakya Muni lui-même n'était pas l'unique dieu. Il n'est qu'un bouddha parmi de nombreux autres bouddhas et le bouddha à venir ou le futur bouddha sera Bouddha Maitreya.

En 1190, le prince Tamalinda fils de Jayavarman VII introduisait au Pays khmer **le bouddhisme theravada**, au retour d'un séjour de six années d'études comme bonze au monastère Mahavihara au Sri Lanka. Ce bouddhisme, connu aussi en Occident sous le nom de bouddhisme du « Petit Véhicule » ne reconnaît pas, en principe, l'existence de Dieu. Dans les faits, dieu ici est Bouddha Sakya Muni lui-même. C'est une religion monothéiste. En 1336, le bouddhisme theravada élimina d'une manière radicale du Pays khmer l'hindouisme et le bouddhisme mahayana. Depuis cette date le bouddhisme theravada reste la seule et unique religion des Khmers.

II . LE CULTE DU DIEU-ROI

En 1943, les savants français G. Coedès et P. Dupont[46] ont découvert pour les Khmers une nouvelle religion : **le culte du Dieu-Roi** appelé aussi **le culte du Devarâja** car pour ces auteurs Devarâja veut dire Dieu-Roi. Ils ont révélé au monde l'existence de ce nouveau culte dans leurs publications dans le Bulletin de l'Ecole Française d'Extrême Orient ou EFEO, à l'occasion d'une étude de la stèle khmère de Sdok Kak Thom, un site situé près d'Aranyaprathet actuellement en terre siamoise, non loin de la ville khmère actuelle de Battambang. Cette stèle se trouve aujourd'hui au Musée National de Bangkok. *En quoi consiste exactement ce culte du Dieu-Roi ?* Lisons simplement les écrits suivants de G. Coedès et P. Dupont :

> « *Le principal intérêt du texte de cette stèle de Sdok Kak Thom est de révéler l'existence d'un culte associé à la royauté, qui ne serait connu autrement que par des allusions à peine saisissables, telles celles que fait le*

---

[46] Georges Coedès et Pierre Dupont, *Les stèles de Sdok Kak Thom : Phnom Sandak et de Preah Vihear*, Bulletin de l'EFEO, Tome XLIII, Hànôi, 1943, pp. 56-154.

roi Indravarman Ier au devarâja, dans l'inscription du temple de Preah Kô. L'inscription de cette stèle de Sdok Kak Thom concerne : le culte du devarâja, la désignation de ses prêtres, l'organisation foncière des fondations religieuses, l'histoire politique du pays ».

« Le culte du devarâja a été institué par un personnage, Hiranyadàma. Le rituel complet a été extrait de quatre çâtras çivaïtes dont le plus important est le Vinaçikha. Ce culte a été fondé sur le Phnom Kulên ou Mahendraparvata (mahendra = Siva, parvata = montagne).

« L'objet de ce culte est un linga. Il était unique et pouvait être déplacé. L'inscription de Sdok Kak Thom mentionne à plusieurs reprises que le « Kamratèn jagat ta râja » (nom du linga) a été transporté à la suite de tel roi, installé dans telle capitale. Celui de Phnom Kulên a été transporté plus tard à Hariharalaya ou actuel Roluos, à la suite de Jayavarman II qui était venu s'installer dans cette localité vers la fin de sa vie. Il avait donc une personnalité physique et n'était pas remplaçable

« Le culte du devarâja et la divinité elle-même sont expressément connus par l'inscription de Sdok Kak Thom surtout à propos de Jayavarman II. Aucun autre texte royal n'en parle. On en vient à se demander si ce culte avait été mis en vedette seulement par des rois ayant des droits dynastiques assez vagues sinon inexistants (autrement dit : un usurpateur).

L'élaboration des cultes dynastiques et personnels a été certainement progressive ; elle résulte même de la combinaison de plusieurs croyances distinctes.

« Le brahmane Sivakaivalya est chargé du « service du devarâja ». C'est le desservant de ce culte. Il était déjà râjapurohita et râjaguru. Le statut (kalpana) des desservants est indiqué à la stance XXXI de la manière *suivante : « que les ascètes nés d'une femme de cette descendance maternelle (svasriya, bhagim- sutàsùnu) soient prêtres de ce culte et jamais d'autres ». Autrement dit, c'est uniquement Sivakaivalya et sa descendance qui ont le privilège d'assurer le service du devarâja. Effectivement il y avait sept descendants de ce brahmane qui ont occupé cette fonction. Ils portent le titre de « stèn àn ». Les alternances stèn/ Kamstèn, mratèn/ Kamratèn correspondent étymologiquement à des appellations analogues au français « seigneur ou sa seigneurie ».*

(G. Coedès et P. Dupont)

Le culte du Dieu-Roi était donc, d'après ces savants, le culte du Devarâja. La divinité était représentée par un linga. Les prêtres affectés au service de cette divinité étaient des brahmanes. Ce culte est associé à la royauté et résulte de la combinaison de plusieurs croyances distinctes.

Depuis cette date de 1943, tous les auteurs ont admis l'existence de ce « culte du Dieu-Roi » au Pays khmer. Pour expliquer probablement cette idée d'une combinaison de plusieurs croyances A. Dauphin-Meunier[47] écrivait ainsi en 1961 : « par un syncrétisme remarquable, le Dieu-Roi fut identifié aux yeux du peuple, comme le millénaire **dieu du sol** ». Cl. Jacques[48] en 2001 donne une autre explication légèrement différente et rapporte les faits de la manière suivante : « En même temps qu'il se faisait consacrer, Jayavarman II faisait susciter par un savant brahmane un dieu khmer dont le rang pût correspondre à celui qu'il venait de s'attribuer : dans chaque royaume khmer il existait, à côté du roi

---

[47] A. Dauphin-Meunier, *Histoire du Cambodge*, PUF, Paris, 1961, p. 28.
[48] Claude Jacques, *Angkor : Résidences des Dieux*, Ed. Olizane, Genève, 2001, p. 62.

des hommes et parallèlement à lui, un roi « protecteur des génies du terroir ». S'instaurant « roi suprême des rois, il était normal que Jayavarman II fit sacrer son homologue divin, connu comme le *Kamraten Jagat ta Râja*, le *Dieu qui est le roi*, traduit en sanscrit par Devarâja, parmi les génies de son empire ». Plus récemment en 2003, Bruno Dagens[49] tout en approuvant Cl. Jacques et à propos du mot Devarâja écrivait à son tour : « Ce terme sanscrit peu utilisé dissimule très probablement un dieu du sol typiquement khmer, qui au travers des temps, empruntera successivement les traits de trois dieux indiens : Siva sous la forme du linga jusqu'au début du XIIè siècle, puis Visnu sous Sûryavarman II (1113-1150) et enfin Bouddha sous Jayavarman VII (1181-1221).

On voit donc que ce fameux Dieu-Roi, résultat d'une combinaison de plusieurs croyances distinctes d'après « la très ingénieuse hypothèse de M. Coedès » comme disait A. Dauphin Meunier était en même temps le dieu du sol, le roi des génies protecteurs du terroir, Siva puis Visnu et enfin Bouddha lui-même. Il y a ainsi, à n'en pas douter, une certaine confusion dans toutes ces explications. Le millénaire « dieu du sol » khmer existe mais il est représenté toujours par une jeune fille avec une longue chevelure qui lui descend jusqu'à la cheville. La déesse Terre ou dieu du sol khmer est encore représentée actuellement de cette manière et non pas par un linga. Les génies protecteurs du terroir existent aussi. Ce sont les Neak Tà et c'est A. Forest[50] qui les a appelés les « Génies protecteurs » car les Khmers pensent qu'ils protègent les villages qui les hébergent. Ils ne sont pas des dieux. Ils sont représentés par des sommaires **blocs de pierre**, placés généralement au pied d'un arbre ou au mieux, dans une cabane édifiée à la lisière d'une forêt appelée « khtôm neak tà ». En aucun cas on ne saurait les

---

[49] Bruno Dagens, *Les Khmers*, Ed. Les Belles Lettres, Paris, 2003, p. 27.
[50] Alain Forest, *Le culte des Génies protecteurs au Cambodge*, L'Harmattan, Paris, 1992.

confondre avec les lingas sculptés avec leurs trois parties selon les règles religieuses du brahmanisme.

Blocs de pierre-symboles de Neak Tà
Génie protecteur

Le linga de Jayavarman II représente en vérité le dieu Siva et il n'est en aucune façon, ni en aucune circonstance, le symbole du dieu Visnu ou la statue de Bouddha. On semble oublier qu'à cette époque le Pays khmer était sous le régime politico-religieux strict du brahmanisme depuis huit siècles. Cette religion avait ses principes, ses fondements et ses règles bien définies. Prendre le linga pour autre chose que le dieu Siva relève simplement de l'ignorance de ce qu'est la religion brahmanique.

III . CONSECRATION DU DIEU SIVA

Que s'était-il passé sur le mont Mahendra en cette année 802 ? Il s'agissait en fait d'une grande et solennelle cérémonie de couronnement du roi Jayavarman II, suivie de la non moins solennelle cérémonie de consécration du dieu personnel du roi, au terme d'une longue campagne de conquête du pays qui était divisé en plusieurs dizaines de principautés indépendantes en l'absence d'un pouvoir central fort et reconnu (suzerain) depuis un certain temps.

La cérémonie de couronnement est appelée le « **râja suya** »[51] littéralement la « création du roi » (râja = roi, suya = créer). A cette occasion le nouveau roi, qui théoriquement n'appartient plus au monde des mortels de ses sujets, reçoit le titre de « Devarâja » et aussi de « Chakravatin ». **Devarâja veut dire le roi est divin,** ou bien « le roi est d'essence divine ». Autrement dit, un Khmer quelconque qui n'est pas d'origine divine ne pourrait jamais prétendre à être roi. C'est une manière ou une autre de décourager aussi les éventuels usurpateurs et autres prétendants au trône. Le titre de devarâja est réservé uniquement au roi. Chakravatin est un autre qualificatif réservé exclusivement au monarque. Chakra veut dire « roue » et chakravatin est celui qui fait tourner la roue, celle de la Loi de dieu évidemment. Porté par le roi, ce titre signifie que le roi est un monarque universel, c'est-à-dire le « roi de l'Univers ».

---

[51] Râja suya : En khmer on dit « sôy reach ». Le Sdach sôy reach est le roi qui était couronné, autrement dit le « vrai roi ». Tous les princes khmers portent le même titre de Sdach. Pour les distinguer du roi régnant, on appelle celui-ci Sdach sôy reach.

En khmer, sôy veut dire aussi manger et concerne le roi. G. Coedès traduit alors sôy reach par « manger le trône » en disant que « pour le roi khmer, régner consiste à manger son trône ». Une bien peu flatteuse considération !

A l'occasion de ce couronnement de Jayavarman II, on procéda aussi à la consécration du « dieu personnel du roi ». Dans les traditions brahmaniques, chacun y compris les gens du peuple peut, et doit choisir librement un dieu, généralement Siva ou Visnu, qui devient alors son dieu personnel ou ishta deva. Pour les gens du peuple, ce dieu personnel sera installé, comme on sait, dans une petite construction appelée yatana devata, placée devant leur maison. On sait aussi que lorsque cette demeure de dieu est d'une certaine importance, il est obligatoire de confier sa garde aux soins des brahmanes. Le dieu personnel du roi Jayavarman II était Siva, représenté très normalement par un linga, symbole depuis toujours de ce dieu. Ce royal ishta deva était très naturellement confié aux soins et à la garde du brahmane le plus proche du roi, à savoir Sivakaivalya qui était son chapelain ou purohita et son maître ou râjaguru.

Dieu Siva
(Linga et Yoni)

La consécration du dieu personnel du roi est une tradition dans le système brahmanique de la monarchie khmère. Avant Jayavarman II, le roi Bhavavarman Ier (550-600) avait érigé aussi un immense linga, symbole du dieu Siva, sur le mont de la région de Vat Phu actuel, en sa capitale de Bhavapura. Le roi Bhavavarman a reçu aussi à cette occasion le titre de Sàrvvabhauma qui veut dire également le « roi de l'Univers » tout comme le mot chakravatin utilisé pour Jayavarman II. Après celui-ci, son fils Jayavarman III (850-877) avait installé son linga royal en or au sommet du monument Bakong tout en le confiant aux soins des brahmanes. De la même façon, le roi Yaçovarman Ier (889-908) avait installé de manière solennelle son linga en or sur le sommet du mont Yaçodharagiri ou actuel Phnom Bakhèng, dans un monument grandiose appelé Sivaloka. Il a confié aussi ce linga royal aux soins et à la garde des brahmanes.

Le linga personnel du roi Jayavarman II était désigné constamment dans les inscriptions de la stèle de Sdok Kak Thom, non pas par le mot Devaraja, mais par l'expression **Kamratèn Jagat Ta Râja**. C'était G. Coedès qui a traduit par erreur cette expression par Devarâja. Cette expression ne signifie pas Devarâja du tout. Elle signifie justement le « Dieu du Roi » (Saveros Pou) autrement dit le Dieu personnel du roi (kamratèn Jagat = seigneur de l'Univers = Dieu).

Georges Coedès avait pris le linga, dieu personnel du roi, pour le symbole d'un nouveau culte pour les Khmers, le culte du Dieu-Roi. Le culte mentionné sur la stèle de Sdok Kak Thom concerne non pas un quelconque nouveau culte mais strictement le dieu Siva que Jayavarman II avait choisi comme son dieu personnel. Il s'agit du culte royal du dieu Siva.

Le culte du Dieu-Roi n'existe pas.
Le culte du Dieu-Roi n'a jamais existé au Pays khmer.

CHAPITRE 8

YASOVARMAN Ier (889 – 908)
ROI DES ROIS

Yaçovarman Ier monta sur le trône en l'an 811 de la grande ère ou mahâ sakarach c'est-à-dire de l'ère Saka ou aussi en l'an **889** de l'ère chrétienne. Il succéda à son père le roi Indravarman Ier (877-889) lui-même successeur de Jayavarman III fils de Jayavarman II. Sa capitale à cette époque était **Hariharalaya**, située près de Roluos actuel à une quinzaine de kilomètres au sud-est de la ville de Siêmreap. Hariharalaya veut dire le domaine (laya) de Visnu (Hari) et de Siva (Hara). En effet, depuis que Jayavarman II (802-850) était venu du Phnom Kulên pour s'installer dans cette ville, celle-ci était devenue aussi la capitale du royaume khmer. Sa mère était la princesse Indradevi. Elle descendait paraît-il des rois de Nâgapùri[52] et

---

[52] Angkorborei s'appelait à l'origine **Nâgapùri** ou **Nâgaborei** d'après E. Aymonier, *Le Cambodge*, op. cit., p. 197. Il est vrai que le mot Angkor n'existait ni dans le vocabulaire khmer ni dans le

notamment de Rudravarman (514-550) de la dynastie mythique de Somà-Kaundinya. Son nom de Yaçovarman veut dire l'homme (man) qui est protégé (vara) par la gloire (yaço). Son nom de jeunesse était Vardhana. Il avait pour maître ou guru le brahmane Vâmaçiva lui-même petit-fils du célèbre brahmane Sivakaivalya, preah guru de Jayavarman II et chargé par celui-ci d'assurer le culte de Siva, son dieu personnel représenté par un linga en or érigé sur le Mahendraparvata ou Phnom Kulên en l'an 802.

I . YASOVARMAN Ier : ROI DES ROIS

Yaçovarman Ier fut un très grand roi. Les nombreuses inscriptions sur les stèles citées ci-dessous par A. Leclère[53], rapportent à son propos des qualités exceptionnelles. Aucun autre roi khmer n'avait reçu autant d'éloges. On peut lire notamment les stances suivantes :

« *Il était **le plus beau des êtres**, et s'il avait existé un seul visage pareil au sien, jamais l'idée n'était venu à un homme sensé de comparer ce beau visage à la Lune. Les quatre points cardinaux étaient sa splendeur, sa politique, sa beauté et ses libéralités lesquelles sont elles-mêmes des déesses dont les grâces avaient pour ornement son indulgence, son énergie, ses vertus, sa modestie, sa gloire, ses mérites et sa sagesse* ».

« *Il était le **roi des rois** et il méritait d'avoir trois noms : pour les femmes il était l'amour même, pour les sages il était leur guru ou maître et pour les rois il était Mahendra (Maha Indra) ou le grand Indra.*

---

vocabulaire sanscrit. Il a été inventé par les Français (Cf. Thach Toan, *Histoire des Khmers*, p. 93).

[53] Adhémard Leclère, *Histoire du Cambodge : Depuis le 1er siècle de notre ère*, Lib. Paul Geuthner, Paris, 1914 (réimp. AMS Press, New York USA, 2010), pp. 90-91.

« ***Ce roi des rois était valeureux***. Il avait la main prompte pour tuer dans le combat ses orgueilleux ennemis. Son glaive ne manquait pas un coup. Il brisait en trois morceaux d'un seul coup d'épée, un fer long, rond, large et dur comme pour le punir de rivaliser avec son bras. Il lançait ses flèches de la main gauche comme de la main droite et remportait la victoire ».

« Dans le combat, voyant ce roi dont l'éclat était difficile à supporter, ses orgueilleux ennemis inclinaient la tête devant lui comme autant de lotus et se disait : ***c'est le Soleil*** ».

« ***Sa gloire***, pure comme les rayons de la lune, embrassait ainsi qu'une mer de lait les extrémités du monde où elle s'était enfuie, comme si elle craignait d'être desséchée par le feu de sa majesté ».

« Il ***étonnait les dieux*** et les rendait même jaloux car en le voyant, le Créateur se disait : pourquoi donc me suis-je créé moi-même un rival en ce roi qui est un autre Prajâpati (seigneur des créatures) et pourquoi en ai-je fait un autre Parameçvara ou dieu suprême (ou Siva) ? ».

On sait bien que ce ne sont là que des formules officielles mais force est de constater que Yaçovarman Ier a bien été le « Roi Soleil » cinq siècles avant Louis XIV en France. Dans la vie il était réputé tolérant aimant les arts, les savants et les sages et « quand il battait les ennemis il leur prenait leurs savants, leurs sages et se les attachait ».

II . YASOVARMAN Ier : LE FONDATEUR D'ANGKOR

Yaçovarman Ier fut certainement un grand bâtisseur, sinon le plus grand bâtisseur de toute l'Histoire khmère. Les savants français ont sûrement tort de condamner le roi Jayavarman VII pour « sa folie des constructions » car sur cet aspect des choses il n'a certainement pas dépassé son prédécesseur Yaçovarman Ier. Il est vrai que cette condamnation était venue surtout de l'incompréhension du **sens** et de la **destination** des monuments que l'on trouve au Pays khmer. Cette incompréhension « venait à la fois d'une connaissance insuffisante des monuments d'Angkor et de l'habitude bien occidentale de rapporter toute chose à ses propres sentiments » disait Maurice Glaize[54].

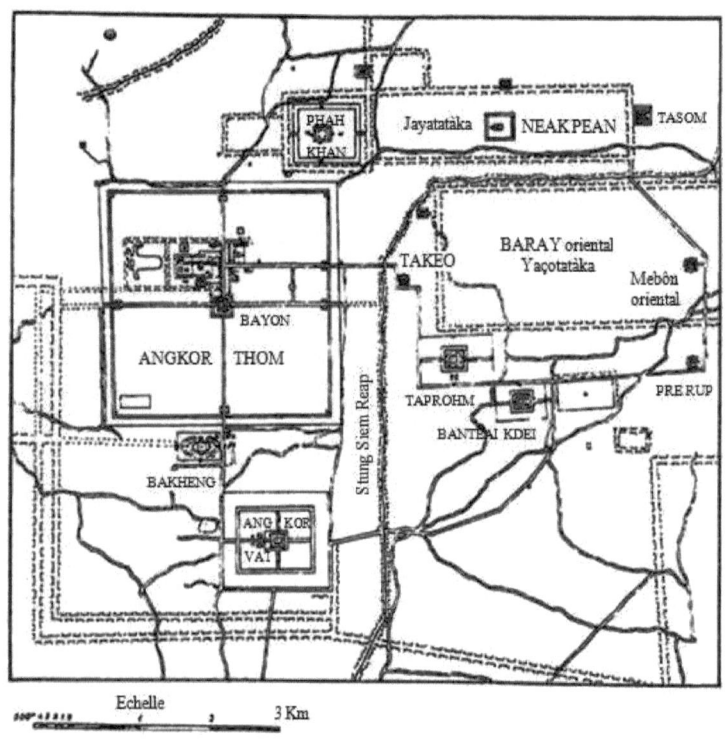

Plan de la région d'Angkor

D'après H. Marchal, Les Temples d'Angkor, 1955, p.8

---

[54] Maurice Glaize, *Les monuments du groupe d'Angkor*, Librairie d'Amérique et d'Orient. Adrien Maisonneuve, Paris, 1963, p. 37.

Dès le début de son règne et plus exactement en l'an 893 il inaugura un monument élevé à la mémoire de ses parents et grands parents maternels Mahipativarman et la princesse Rajendradevi. Il s'agit du « Temple de Lolei », composé de quatre tours sanctuaires ou prasats, installé au centre d'un barây, une grande retenue d'eau, réalisé par son père le roi Indravarman 1er, appelé Indratatàka ou étang du roi Indra.

En l'an 900, il quitta Hariharalaya et fonda une nouvelle capitale : c'est la **cité d'Angkor** que tous les rois khmers ont occupée jusqu'au milieu du XVè siècle. Cette nouvelle cité était appelée en fait **Yaçodharapura** qui signifie « la ville (pura) qui soutient (dhara) le roi Yaço ». Elle formait un vaste quadrilatère de quatre kilomètres environ de côté, avec comme centre la colline de Phnom Bakhèng baptisée à l'époque du nom de **Yaçodharagiri** (giri = montagne) ou la « montagne qui soutient le roi Yaço ». L'ensemble était entouré d'une palissade formée par des troncs d'arbres comme cela a été fait pour la ville hindoue de Pataliputra au IVè siècle avant Jésus Christ sous le roi Chandragupta. Comme la cité hindoue d'ailleurs, les côtés sud et ouest étaient protégés par des douves tandis que le côté Est était constitué par un détournement de la rivière actuelle de Siêmreap.

Yaçodharagiri est une colline de 70 mètres de hauteur. Yaçovarman Ier édifia au sommet de cette colline un monument pour son « dieu personnel » qui était le **dieu Siva**. Ce monument baptisé **Sivaloka** ou « monde de Siva » (loka = monde) était une pyramide spectaculaire formée par une superposition de cinq gradins à hauteurs dégressives de bas en haut, taillés à même la roche au sommet de la colline, habillés ensuite par des pavements de grès et des murs de parement. Sur la dernière terrasse de 47 mètres de côté sont installées cinq tours sanctuaires ou prasats en quinconce, au dessus d'un soubassement sculpté de 31 mètres de côté et de 1,46 mètres de hauteur. La tour centrale abrita le royal ishta deva, dieu personnel du roi représenté par un linga en or, baptisé **Yaçodhareşçvarà** qui veut dire « le Seigneur Siva qui soutient le roi Yaço ». Ce dieu et ce monument sacré étaient confiés, conformément à la tradition hindouiste khmère, aux soins et à la garde des brahmanes sous la direction du saint maître ou prah guru du roi, le brahmane Vâmaçiva.

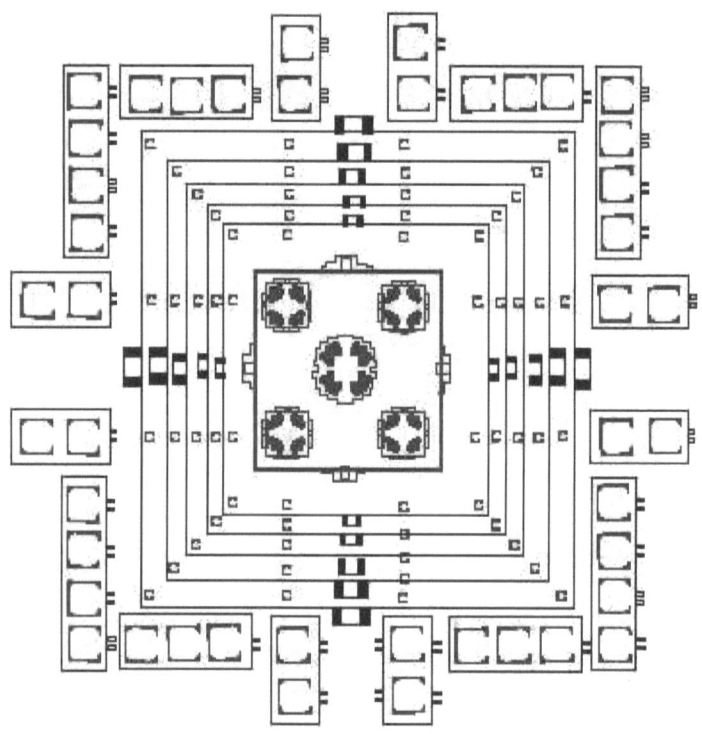

PLAN DE SIVALOKA

Maison de Dieu privée de Yaçovarman Ier

(avec les nombres de 5 symboles de Siva)

A Angkor il existe aussi en dehors du Phnom Bakhèng deux autres collines qui dominent la région. Il s'agit du Phnom Krom ou la « Montagne d'en bas » d'une hauteur de 137 mètres et du Phnom Bok ou la « Montagne de la bosse du bœuf » haut de 235 mètres. Yaçovarman Ier édifia au sommet de chacune d'elles un édifice religieux composé principalement de trois tours sanctuaires à la gloire des trois dieux brahmaniques : Brahma, Visnu et Siva. A Phnom Bok à 150 mètres du sanctuaire central, il existait aussi un énorme « linga » aujourd'hui renversé et brisé représentant le dieu Siva, en grès monolithe de 4 mètres de haut et 1,20 mètre de diamètre, pesant au moins dix tonnes (M. Glaize). On peut apprécier la manière utilisée par les Khmers de l'époque pour hisser à cette hauteur une telle pièce !

Yaçovarman Ier était aussi le constructeur d'une multitude d'autres édifices dont le **Phimeanakas** ou Palais céleste qui ne fut achevé que sous le règne de son fils Harshavarman Ier. Une autre inscription disait « Il éleva des temples, des tours, des enceintes, des statues......etc, et sur des pierres qu'il envoyait planter jusqu'aux limites de son royaume, comme un autre Asoka, il faisait graver ses commandements ».

III . YASOVARMAN Ier : ROI DU PAYS KHMER

1. Le royaume

Le royaume khmer sous Yaçovarman Ier était, au point de vue de l'étendue territoriale, le plus grand de tous les temps y compris de l'époque du roi Jayavarman VII. Les Khmers l'appelaient « Maha Nokor Khmer » ou le « Grand Pays khmer ». Rappelons qu'il ne s'agissait en aucune façon d'un « empire » formé par un ensemble d'Etats et de peuples différents, mais d'un seul ensemble khmer avec un seul peuple khmer vivant dans un système féodal avec le roi suzerain résidant à Angkor.

Les annales impériales chinoises de cette époque indiquent que ce royaume khmer avait une frontière commune avec la Chine et avec le royaume môn de Birmanie appelé Suvarna Bhumi. Il est probable que cette frontière du nord du royaume khmer était celle qui le séparait du royaume de Nan Zhao, lequel a déjà existé depuis l'an 728 à l'époque de la dynastie chinoise des Tang. Au sud, le royaume de Yaçovarman Ier touchait la Malaisie appelée Javadvipa. A l'est il touchait le royaume du Champà qui occupait le territoire du centre du Vietnam actuel. Au sud-est, le royaume s'étendait jusqu'à la mer de Chine méridionale. Enfin à l'Ouest, c'était le golfe de Bengale qui le séparait de l'Inde.

Yaçovarman Ier n'avait que peu de problèmes à l'extérieur. Il semble bien qu'il ait imposé par la force le respect au Champà. La mention sur une inscription disant « qu'il avait battu sur la grande mer, des armées navales composées de milliers de barques fraîches et blanches » semble correspondre plutôt à la répression des révoltes de quelques seigneurs vassaux au tout début de son règne.

2. Economie

On sait que l'économie des nations à cette époque était essentiellement agricole. A cela s'ajoutent les produits de la forêt et les produits divers des cours d'eau, fleuves, lacs, rivières et de la mer. Chaque roi khmer était conscient de cette situation mais la grande politique de l'eau pour l'agriculture n'était devenue une tradition qu'avec Indravarman Ier, père de Yaçovarman Ier. Indravarman Ier avait effectivement construit un grand barây appelé **Indratatàka** ou «étang de Indra » (Indra ici est le nom du roi) de forme rectangulaire de 3800 mètres de long sur 800 mètres de large. Yaçovarman Ier inaugura aussi son règne par l'édification d'un barây qui s'avère être encore plus grand, avec une dimension de 7,1 km de long sur 1,8 km de large soit deux fois plus étendu que celui de son père. Ce barây fut baptisé **Yaçotatàka** ou « étang du roi Yaço ». Il est connu aujourd'hui sous le nom de « **barây oriental** ». Il capte les eaux de la rivière de Siêmreap qui descend du Phnom Kulên et les distribue ensuite par un système de déclivités successives, à la ville pour les usages ordinaires et aux environs pour l'agriculture. Au centre du barây fut érigé un monument appelé aujourd'hui le Mébôn oriental formé essentiellement par un ensemble de cinq « prasats » ou tours sanctuaires en quinconce, symbole du dieu Siva. Aux quatre coins du barây on trouve les quatre stèles de fondation. Sur le long des berges étaient érigés aussi divers monuments religieux correspondant aux diverses confessions dont le sivaïsme et le bouddhisme mahayana, ce qui confirme aussi la tolérance religieuse de Yaçovarman Ier.

3. Education et santé publique

Dès son accession au trône, Yaçovarman Ier entreprit la construction d'une centaine d'**asrâmas.** Certains auteurs français critiquent très sévèrement les rois khmers pour ces constructions car ils pensent qu'il s'agissait uniquement de centres religieux. En fait on sait bien maintenant que les asrâmas ont trois fonctions : des résidences pour les brahmanes, des centres d'enseignement du premier cycle ou collèges et des centres d'accueil des voyageurs. On a retrouvé plusieurs dizaines de ces ouvrages dont quatre le long des berges du barây oriental. On en trouve aussi dans des provinces lointaines comme par exemple à Phnom Bàyang au sud de Bati dans l'ancienne province de Treang appelée à l'époque **Sivàpura** (E. Aymonier)[55]. Devant chaque asrâma on trouve une stèle qui porte une ordonnance royale fixant de manière très détaillée les règlements de ces centres (tout comme les stèles des hôpitaux de Jayavarman VII que l'on verra plus loin). Toutes les stèles reproduisent le même texte qui ne diffère d'une stèle à une autre que par le nom de la divinité qui protège le centre. Il est bien probable que beaucoup de ces asrâmas aient été les mêmes que ceux que l'on trouvera plus tard sous le règne de Jayavarman VII en l'an 1190.

---

[55] Etienne Aymonier, *Cambodge : le royaume actuel,* Ed. Ernest Leroux, Paris, 1900, p. 164.

On ne connaît pas le système d'enseignement supérieur créé par Yaçovarman Ier en particulier les études médicales. Il devait en exister sous une forme ou sous une autre. En effet, les rois khmers avaient toujours à leur service des « médecins personnels » lesquels, de ce que l'on en sait, n'ont jamais été formés dans un pays étranger quelconque. Une **stèle de Vat Kdei** situé à une quinzaine de kilomètres au sud de Kompong Trabèk au nord de l'actuel Kompong Thom, datant de l'an 664 fit mention du médecin du roi Jayavarman Ier, un nommé pandit (docteur) Simhadatta (E. Aymonier)[56]. Ce médecin était d'ailleurs issu d'une famille illustre puisque dans sa généalogie rapportée sur la même stèle, on trouve aussi en l'an 589 deux autres médecins, les frères Brahmadatta et Bramasimha, tous deux « docteurs » du roi Rudravarman, le dernier roi de Nâgapùri (Funan pour les Chinois). Une autre stèle, datant de l'an 969 trouvée dans les ruines de **Kamphèng Sdach Kamlong** situé à 500 m environ de Vat Prap Toeus dans l'ancienne province de Chikrèng, mentionna aussi l'existence d'un médecin du roi Jayavarman V du nom de pandit Sri Yogisvàra. Avec toutes ces indications, on est obligé de croire que les études médicales khmères existaient déjà depuis bien longtemps, en tout cas bien avant le roi Yaçovaraman Ier en ce IXè siècle, et donc bien avant aussi Jayavarman VII.

IV. DISPARITION DE YASOVARMAN Ier

Le roi Yaçovarman Ier mourut en l'an 830 de l'ère saka c'est-à-dire en l'an **908** de l'ère chrétienne. Il fut inhumé dans la tour sanctuaire centrale du monument sacré Sivaloka du Phnom Bakhèng ou Yaçodharagiri, au pied de son dieu Yaçodharesvàra. On a retrouvé sa tombe qui est une sorte de sarcophage de pierre enterré à une profondeur de 2 mètres, comportant tout un ingénieux système de canalisations

---

[56] Etienne Aymonier, *Cambodge : le royaume actuel,* op. cit., pp. 255 et 449.

permettant l'évacuation des liquides impropres vers l'extérieur du monument. Le fait qu'il ait été enterré dans Sivaloka veut dire que le roi est entré dans le monde du dieu Siva. Son nom posthume est effectivement **Paramasivàloka** qui veut dire « le roi est allé dans le monde du suprême Siva ». Pour l'hindouisme, « aller dans le monde de dieu signifie que le roi a quitté le monde des mortels, qu'il est libéré du karma et du sâmsara ». Le roi a atteint le moksa ou la libération. Le roi est arrivé au nirvâna brahmanique.

Son fils aîné lui succéda sous le nom de Harshavarman Ier. Yaçovaraman Ier a laissé derrière lui, disait Adhémard Leclère, la réputation d'avoir été le plus grand des rois, le roi parfait, **le roi Soleil**.

CHAPITRE 9

JAYAVARMAN VII
OU LE TEMPS DE LA VICTOIRE

Jaya signifie victoire et Jayavarman veut dire l'homme (man) qui est protégé (vara) par la victoire (jaya). Le roi Jayavarman VII mérite bien son nom. Il régna sur le Pays khmer de 1181 à 1221. Les Khmers le considèrent comme un grand roi, sinon un des plus grands rois de l'Histoire khmère.

I . JAYAVARMAN VII ET SES LEGENDES

Cette appréciation élogieuse d'un grand roi khmer pour Jayavarman VII n'est malheureusement pas universelle. Certains spécialistes occidentaux de l'Histoire khmère lui reprochent son soi-disant « caractère despotique », sa « mégalomanie », sa « folie des constructions » menant à la ruine économique et à l'épuisement de son peuple, d'où aussi la ruine du pays. H. Marchal[57] écrivait : « Si le Cambodge connut à la fin du XIIè siècle une ère de prospérité sans précédent, il fut aussi saigné à blanc par un despote avide de prestige... Ce qu'il y a de sûr, c'est qu'il laissa le pays épuisé par sa folle prodigalité ». Avant cet auteur, G. Coedès[58] disait : « il faut songer à ce que dut représenter pour ce peuple l'édification des grands monuments religieux de l'art du Bayon....Ce qu'il y a de sûr c'est qu'il laissait le pays épuisé par sa mégalomanie et désormais sans ressort contre les attaques de son jeune et turbulent voisin de l'Ouest ». Il faut remarquer que lesdits voisins de l'Ouest, c'est-à-dire les Siamois, n'ont attaqué Angkor seulement qu'en 1352, alors que Jayavarman VII était déjà disparu depuis 1221, soit depuis plus d'un siècle. Pourrait-on imaginer que la cause de la Révolution Française de 1789 puisse être imputée à Louis XIV pour avoir construit le Château de Versailles en 1662 ? Au delà des édifications des « temples », il y avait aussi les constructions des villes, des routes, des ponts, des hôpitaux, des collèges et des universités sans parler de l'immense barây de Preah Khan baptisé Jayatatàka et des canaux d'irrigation qui justifient largement sa réputation d'être un grand roi au Pays des Khmers.

L'appréciation négative sur Jayavarman VII venait aussi de certains milieux khmers eux-mêmes. On propage cette idée, sans aucune justification, que ce grand roi était atteint de la lèpre, maladie sûrement répugnante pour ses auteurs et on affirme même que la statue de pierre recouverte de lichens exposée sur la « Terrasse des Eléphants » devant le Palais royal à Angkor est la statue de Jayavarman VII lui-même, baptisée désormais la « statue du roi lépreux ». Pire encore, on raconte que le roi a contracté la lèpre suite à des griffures d'une lépreuse, celle-ci voulait ainsi venger sa fille qui avait été

---

[57] Henri Marchal, *Angkor : Collection Les hauts lieux de l'Histoire*, Ed. Albert Guillot, Paris, 1955, p. 86.
[58] Georges Coedès, *Pour mieux comprendre Angkor*, Librairie d'Amérique et d'Orient, Adrien Maisonneuve, Paris, 1949, p. 208.

enlevée par le roi pour son harem ! Cette légende ignominieuse a été inventée pour nuire à l'image du roi Jayavarman VII. On sait parfaitement que **cette statue représente Yâma**, Dieu de la mort et Roi de l'enfer[59] et que l'enlèvement d'une jeune fille par le roi est une pure invention.

Dieu Yâma : Le (faux) Roi Lépreux

---

[59] Au XVè siècle, les autorités khmères bouddhistes du Theravada, ont rebaptisé cette statue du nom de Dharmaraja ou Dieu de la Loi pour éviter d'utiliser le nom Yâma qui est celui d'un dieu brahmanique. La vraie statue du roi lépreux de la légende existe dans un monument appelé « **Kamphèng Sdach Kamlong** » ou forteresse du roi lépreux situé à 500 m du Vat Prap Toeus, ancienne province de Chikrèng (Siêmreap), construit en l'an 969 sous le roi Jayavarman V soit plus de 200 ans avant Jayavarman VII. (E. Aymonier, *Le Cambodge*, pp. 448-450). On voit bien que le roi lépreux ne peut pas être Jayavarman VII.

La vraie légende du roi lépreux (Thach Toan)[60] est en fait une légende hindoue qui raconte que le roi a contracté cette maladie à la suite des éclaboussures du sang d'un énorme serpent qu'il avait combattu très courageusement. Jayavarman VII avait effectivement des ennemis parmi les Khmers. Ceux-ci furent les bouddhistes du Theravada, du fait qu'il était de religion bouddhique du mahayana. La légende bien dégradante qui le concerne est née en effet au cours de la guerre de religion entre les Khmers brahmanistes et bouddhistes du mahayana d'un côté et les Khmers bouddhistes du Theravada de l'autre côté, guerre qui a eu lieu sous le règne de Jayavarman VIII (1243-1295) et qui a duré jusqu'à l'an 1336. Le diplomate chinois Tcheou Ta Kouan l'avait noté dans ses « Mémoires » en disant qu'il y avait eu « un souverain atteint de la lèpre » et en évoquant des « traces de lutte » lors de son séjour à Angkor en 1296.

II. JAYAVARMAN VII ET SA JEUNESSE

Jayavarman VII est né vers l'an 1125 pendant le règne de Sûryavarman II le grand constructeur de Visnuloka ou Angkor Vat. Son père était le cousin de ce dernier[61] qu'il a évincé du trône en 1150 pour des motifs religieux car il était bouddhiste du mahayana alors que Sûryavarman II était brahmaniste de tendance vishnouite. Il est devenu roi sous le nom de Dharanindravarman II (1150-1160). La mère de Jayavarman VII était la princesse Chudâmani, fille de Harshavarman III appartenant à la grande famille de Mahidharapura qui a régné sur le Pays khmer tout le long du XIè siècle. La stèle de Prah

---

[60] Thach Toan, *Histoire des Khmers*, L'Harmattan, Paris, 2009, pp. 105-107.

[61] Dharanindravarman est le fils de Mahidharâditya, frère de la princesse Narendralaksmi Celle-ci est la mère de Sûryavarman II (Goerges Coedès, *Nouvelles données chronologiques et généalogiques sur la dynastie de Mahidharapura*, BEFEO. T. XXIX, p. 301).

Prùm ou actuel Tà Prohm, érigée par Jayavarman VII lui-même, indique qu'elle descendait du roi Bhavavarman Ier, celui-ci étant le petit-fils de Srutavarman descendant à son tour du célèbre brahmane **Kambu** fondateur du royaume du Kambuja (Chen La pour les Chinois) et de la dynastie de Suryawàmçà.

Sri Jayavarmadeva ou Jayavarman VII

(1125 – 1221)

Jeune prince et bien que bouddhiste comme son père, Jayavarman VII est attaché à un savant brahmane qui était son guru ou maître chargé de son éducation comme tous les princes royaux de cette époque. Le bouddhisme mahayana, en plus de son culte de Bouddha et de ses saints les Bodhisattvas, avait gardé en effet toutes les traditions du brahmanisme. Les matières d'études étaient contenues dans le Veda qui est la « Bible » du brahmanisme. On sait que le Veda n'est pas une bible comme celle des autres religions, notamment la Bible du christianisme et le Coran de la religion musulmane. Le Veda contient en effet, en plus de tout ce qui concerne la religion, toutes les sciences dites humaines dont la grammaire, la philosophie, le droit, la médecine, les mathématiques, les sculptures, l'architecture, l'astronomie, les sciences politiques, etc… Jayavarman VII avait acquis au terme de son éducation une grande connaissance. Ne s'est-il pas vanté dans une stèle de Prah Khan (PK, stance XXI) d'être l'égal de Panini en ce qui concerne la grammaire ? Celui-ci était en effet le père de la grammaire sanscrite écrite vers l'an 500 avant Jésus Christ et qui est toujours valable et encore en usage aujourd'hui. Les inscriptions qu'il a fait graver, très judicieusement d'ailleurs, sur les stèles des 102 hôpitaux du royaume et qui énoncent notamment que « c'est la douleur du peuple qui fait la douleur des rois et non pas leur propre douleur », ne sont que des transcriptions à peine déformées d'un passage sur l'éducation des princes, du livre des sciences politiques « Arthasastra » écrit en l'an 300 avant Jésus Christ par un brahmane, célèbre ministre de Chandragupta (325 à 297 avant J.C), dénommé Chanakya plus connu sous le nom de Kautilya. Le passage original est le suivant : « le roi ne doit pas considérer comme bien ce qui lui plaît, mais ce qui plaît à ses sujets ». Cela prouve aussi que Jayavarman VII a bien appris, entre autres sujets, les sciences politiques déjà connues en son temps.

Jayavarman VII n'était pas un cas isolé. Tous les princes et les rois d'Angkor étaient des gens cultivés. B. Dagens[62] écrivait : « *on attribue à Rajendravarman au Xè siècle les «quatorze espèces de sciences dont les quatre Veda, les vedânga, les pùrana, les Dharmasàstra ou Traité du droit, l'Exégèse et la*

---

[62] Bruno Dagens, *Les Khmers*, Ed. Les Belles Lettres, Paris, 2003, p. 85.

Logique. Sûryavarman Ier (bouddhiste comme Jayavarman VII) est la connaissance incarnée : il avait pour pied le Bhàsya le plus célèbre des commentaires grammaticaux, pour mains les kàvya ou les grands poèmes, pour organes des sens les six darsana ou systèmes philosophiques et pour tête le Dharmasàstra ». Les hauts personnages de l'Etat n'étaient pas en reste non plus comme par exemple ce fameux ministre de Jayavarman V qui était réputé pour connaître tout le Veda !

III . JAYAVARMAN VII : MILITAIRE ET LIBERATEUR

Jayavarman VII a choisi à la fin de sa formation le métier des armes. Même devenu roi à Angkor, bien des années plus tard, il ne manque pas de s'entraîner chaque matin pendant au moins deux heures aux arts martiaux généralement en compagnie de deux ou trois de ses plus proches compagnons. Ce choix était tout à fait naturel car il appartient à la caste des ksatriyas c'est-à-dire des guerriers. Quatre de ses fils ont choisi aussi cette carrière, non sans gloire d'ailleurs, comme il était mentionné sur des inscriptions à Banteay Chhmar.

En ce milieu du XIIè siècle, cela faisait depuis bientôt 100 ans que le royaume khmer avait des problèmes avec son voisin de l'Est c'est-à-dire le Champà composé à cette époque de deux principautés, l'une au nord avec comme capitale Vijaya ou actuel Binh Dinh et l'autre au sud avec comme capitale Panduranga ou actuel Phan Rang. Le roi Sûryavarman II (1113-1150) lui-même, après une période de collaboration plus ou moins difficile, a dû intervenir en 1145 en envahissant le Champà, tuant son roi Jaya Indravarman III et installa à sa place à Vijaya son beau-frère le prince Harideva. En 1149, profitant des problèmes intérieurs rencontrés par Sûryavarman II, qui sera d'ailleurs renversé l'année suivante par son cousin bouddhiste et père de Jayavarman VII, le Champà sous la direction du nouveau roi Jaya Harivarman Ier installé à Panduranga a pris sa revanche en tuant à son tour Harideva (L.

Finot)[63]. C'est dans ce climat de révolution de palais à l'intérieur et de troubles à l'extérieur du royaume que Dharanindravarman II (1150-1160) accéda au trône.

Jayavarman VII âgé à peine de 25 ans se voit alors nommé général et commandant en chef ou senapatipati de l'armée khmère du Champà. Son expédition militaire contre ce pays a été couronnée de succès puisqu'on l'a retrouvé quelques années plus tard installé à Vijaya (Binh Dinh) capitale de la principauté chàme du nord. C'était aussi à Vijaya qu'il avait appris la mort de son père en 1260. Le nouveau roi à Angkor se nomma Yaçovarman II. Celui-ci devrait être de la famille et un très proche du roi Dharanindravarman II lui-même, puisque Jayavarman VII lui restait fidèle et qu'un de ses fils, le prince Srindrakumarâ était nommé officier de la garde personnelle de ce souverain[64]. Ce jeune prince, d'après une inscription à Banteay Chhmar, a même pu sauver la vie du roi lors d'un attentat probable qualifié d'agression par Râhu, un monstre mythique malveillant.

En 1165 Yaçovarman II fut renversé et tué par un dignitaire brahmanique qui devint roi à Angkor sous le nom de Tribhuvanâdityavarman. Jayavarman VII rentra précipitamment de Vijaya pour porter secours à Yaçovarman II mais il était arrivé trop tard. Il préféra alors vivre anonymement pendant tout le règne de Tribhuvanâdityavarman (1165-1177). Les inscriptions sur une stèle de Phimeanakas au Palais royal à Angkor disaient en effet : « Il revint en toute hâte pour secourir le roi Yaçovarman, mais le roi ayant été dépouillé de la royauté et de la vie par l'usurpateur, il resta au pays en attendant un moment propice pour sauver la terre lourde de crime ». Durant toutes ces années, les Chàms recommencèrent à harceler le

---

[63] Louis Finot, *Inscriptions de My Son*, BEFEO, XV, 2, p. 50.

[64] Au Palais royal d'Angkor, les rois khmers avaient comme gardes 400 jeunes filles, obéissant en cela au principe du matriarcat, car le roi est assimilé à une personne féminine. Hors du Palais, le roi est escorté par une garde personnelle masculine.

royaume khmer. En 1177, ils attaquèrent par surprise la capitale Angkor, en remontant par voie fluviale le Mékong puis le Grand Lac ou Tonlé Sap, guidés en cela par un expatrié chinois. Angkor à cette époque était entouré d'une palissade faite par des troncs d'arbres comme toutes les grandes villes indiennes. Les Chàms pillèrent la ville, la brûlèrent complètement, tuèrent le roi Tribuvanâdityavarman et cela « sans écouter aucune de ses propositions de paix » comme disaient les écrits chinois, et occupèrent le pays khmer pendant cinq ans. Jayavarman VII, ardent patriote ,« jura alors d'infliger aux Chàms une vengeance terrible ». En fait cette vengeance terrible n'aura lieu qu'en l'an 1203 soit vingt cinq ans plus tard seulement et se réalisa par la destruction totale du Champà et l'occupation de ce pays pendant 20 ans.

Pour la circonstance, Jayavarman VII se contenta de mener une résistance à l'occupation chàme probablement par des actes de guérilla et des soulèvements des principautés vassales khmères. Il faut dire que cette résistance fut efficace puisqu'en **1181** les Chàms étaient obligés de quitter totalement le territoire khmer. Jayavarman VII se contenta de cette victoire et se fit couronner à Angkor sous son nom de règne de « Jayavarman VII » ou « l'homme qui est protégé par la Victoire ». Plus tard on glorifia son combat en pérennisant sur les murs du Bayàn ou actuel Bayon, sous forme de bas-reliefs, une grande bataille navale contre les Chàms[65].

---

[65] Il faut voir dans ces bas-reliefs une expression plutôt dithyrambique à la gloire du roi Jayavarman VII qu'une réalité. A l'époque de son combat pour la libération du pays il n'avait sûrement pas les moyens de se doter d'une si grande force navale. Il y avait probablement quelques petits combats sur le fleuve contre l'arrière garde des troupes chàmes en voie de retraite. Evidemment il put se doter d'une grande force navale quelques années plus tard quand il fut sur le trône, mais il n'y avait plus de combat naval du tout et son occupation du Champà en 1203 était le fait des forces uniquement terrestres.

IV. JAYAVARMAN VII ET LA RELIGION

Il existait au Pays khmer, depuis le début de l'ère chrétienne, deux religions à savoir : le brahmanisme et le bouddhisme mahayana. Il y avait des rois brahmanistes et des rois bouddhistes du mahayana. Bien qu'il ait existé des rois bouddhistes du mahayana qui n'hésitèrent pas à tuer un roi brahmaniste pour prendre sa place et vice versa, il n'était pas question, ni pour les uns ni pour les autres d'éliminer la religion de ses adversaires, ce qui ne sera plus le cas à partir du XIIIè siècle avec le bouddhisme du Petit Véhicule ou Theravada. Dans la pratique, un roi brahmaniste vénère toutes les divinités brahmaniques notamment Visnu et Sivà, ce qui est tout à fait naturel, mais ceux qui connaissent bien le brahmanisme savent que cette religion considère aussi Bouddha comme un simple avatar de Visnu. Dans la pratique aussi, un roi bouddhiste mahayana vénère Bouddha et ses saints les Bodhisattvas mais il ne renie pas pour autant les divinités brahmaniques, **ni surtout le Veda qui est à la fois la « Bible » du brahmanisme et la Constitution du royaume,** avec notamment la division des hommes dans la société en quatre classes sociales ou varna aux fonctions bien définies pour chaque caste.

Jayavarman VII était bouddhiste du mahayana comme son père. Il vénérait Bouddha et les Bodhisattvas et ne reniait pas les divinités brahmaniques. Dans son monument religieux personnel (tradition brahmanique) le Bayàn ou actuel Bayon, on voit aussi bien des Bodhisattvas que des lingas symboles du dieu Sivà et des statues du dieu Visnu. Il continuait à avoir, comme tous les rois brahmanistes, un saint maître ou preah guru brahmane, un purohit ou chapelain brahmane. Il avait aussi une épouse, fille de son purohit le brahmane hindou Hrishkèçà. Dans sa jeunesse, il a suivi une éducation entièrement brahmanique. A sa mort, il a reçu dans la plus pure des traditions brahmaniques, le nom posthume de « Mahaparamasaugatapàda » qui veut dire « celui qui est parti au pied du Très grand et suprême Bouddha » (saugata = Bouddha).

Cette co-existence très particulière entre le bouddhisme mahayana et le brahmanisme n'est pas propre au seul roi Jayavarman VII. On la retrouve chez tous les rois bouddhistes mahayana khmers. Bien plus, on la retrouve déjà au IIIè siècle avant Jésus Christ chez le roi hindou Asoka du royaume de Magadha, le grand propagateur du bouddhisme du Grand Véhicule qui, bien que déjà converti au bouddhisme mahayana, n'a jamais négligé les brahmanes.

V. JAYAVARMAN VII : ROI D'ANGKOR

Jayavarman VII monta sur le trône en 1181. Il régna sur le Grand Pays khmer jusqu'à l'an 1221. C'est sous son règne que l'on voit le plus grand nombre de constructions de toute nature, non seulement à Angkor et ses environs mais aussi dans les « provinces » souvent lointaines. Angkor lui-même incendié quelques années auparavant par les Chàms, était reconstruit en un plan carré de 3 kilomètres de côté, avec une muraille en pierre de 8 mètres de hauteur au lieu d'une palissade en bois et entourée d'une douve de 100 mètres de large. Le Bayàn ou actuel Bayon, monument religieux personnel du roi, est édifié exactement au centre de la ville. Certains ont voulu voir à travers ces réalisations le fait d'un grand roi, d'autres au contraire le critiquent sans savoir comment et pourquoi il a réalisé tous ces ouvrages. En fait, il n'y avait pas seulement que les monuments. Jayavarman VII a œuvré aussi dans tous les domaines : religieux, politique, économique, culturel, social, etc. Et c'est tout cela qui fait la marque de ce grand roi khmer. Bien évidemment, il est impossible de rapporter en quelques pages toutes ses œuvres. Voici en tout cas quelques faits les plus marquants.

1. Le royaume

Jayavarman VII bénéficia d'une période de paix durant tout son règne. Il a contribué à cette paix par sa puissance car pour le genre humain, « la paix n'est pas du côté des plus faibles ». Les

Romains le savaient déjà avec leur proverbe bien connu : « si vis pacem para bellum ».

Du côté extérieur, la Chine empêtrée dans ses problèmes de division interne de la dynastie des Song à cette époque, puis de l'invasion de Gengis Khan en 1211, n'intervenait plus dans les Etats du Sud. A l'Est, le Champà est purement occupé. Au Nord, à la frontière avec le Yun Nan où se trouvait le royaume siamois de Nan Zhao, les quelques petites principautés môns plus ou moins autonomes comme Lamphun ou Haripunjaya ne posaient aucun problème.

Du côté intérieur, le royaume de Jayavarman VII retrouva ses limites naturelles c'est-à-dire l'espace occupé depuis l'origine par les Khmers. Il avait comme limites :

- à l'Est : la mer de Chine méridionale à partir du nord de la région de Saigon ou la ville de Hô-Chi-Minh actuelle jusqu'à la pointe sud du Viêtnam d'aujourd'hui. Tout le bas Laos jusqu'au dessus de la ville de Vientiane était aussi des territoires khmers,
- au Nord : le Yun Nan puis Haripunjaya et le royaume môn (Birmanie),
- à l'Ouest : le golfe de Bengale
- au sud : Javadvipa ou la Malaisie actuelle.

Le royaume de Jayavarman VII était de type féodal. Jayavarman VII était simplement le roi suzerain régnant sur les 90 autres princes vassaux khmers. Son royaume n'était pas un empire car toutes les principautés, même celles qui se trouvaient au Siam actuel, étaient toutes khmères et peuplées de Khmers. En effet, ce n'est pas parce qu'on ne rencontre pas actuellement de Khmers dans ces régions que celles-ci n'appartenaient pas aux Khmers. Hô-Chi-Minh-Ville ou ancien Saigon qui a actuellement 7 millions et demi de Viêtnamiens et pas de Khmer du tout, était parfaitement une ville khmère. De même si on ne rencontre pas des Indiens séminoles en Floride, cela ne veut pas dire non plus que cette contrée a toujours appartenu aux Américains. **Le Siam existe seulement depuis 1350 et il était créé par un prince khmer (Râma Thibodi) avec un peuple d'origine khmère.** Les princes vassaux portaient tous le titre de Sdach Tranh ou « roi à pouvoir absolu dans son territoire » et c'est ce mot « sdach » ou « roi » qui fait croire à ceux qui ne connaissent pas les Khmers qu'il existait de nombreux royaumes étrangers annexés ou colonisés par Jayavarman VII, ce qui est évidemment une parfaite erreur.

2 . Infrastructure et économie

Jayavarman VII a entrepris deux séries de grands travaux qui entrent directement dans le cadre de l'économie nationale : la construction des routes et l'édification des barâys ou réservoirs d'eau et des canaux pour l'irrigation.

Il fut le premier roi khmer à doter le pays d'une grande infrastructure routière. En dehors d'une construction très importante autour d'Angkor lui-même il existait des routes nationales à longues distances. La chose n'est pas nouvelle. Au IIIè siècle avant Jésus Christ, « le roi hindou Chandragupta a construit la route impériale, large de plus de 20 mètres, d'une longueur de près de 2000 kilomètres, s'étendant de Pataliputra (actuel Patna) jusqu'à la frontière du nord-ouest, à Taxila dans le Pakistan d'aujourd'hui, soit une distance égale à la moitié de la traversée des Etats-Unis d'est en ouest. A intervalles à peu près réguliers, on avait creusé des puits, établi des postes de police et des hôtels » (Will Durant). Les routes de Jayavarman VII totalisent plus de mille kilomètres. Elles partaient d'Angkor dans quatre directions (B. Dagens)[66]:

- à l'Est, vers Preah Khan de Kompong Svay en passant par Beng Mealea où une bifurcation mène vers Koh Ker et Vat Phu dans le bas Laos.
- au Sud-Est, en direction de Vijaya au Champà du nord en passant par Rolous, Kompong Kdei, Sambor, Vat Nokor ou actuel Kompong Cham.

---

[66] Bruno Dagens, *Les Khmers*, op. cit., pp. 70-71.

- au Nord-Ouest, vers Phimai (Vimaya) à travers le plateau de Korat au Siam actuel en passant par Ta Muan et Phnom Rung.
- à l'Ouest, en direction de Malyang ou Battambang et Sdok Kak Thom.

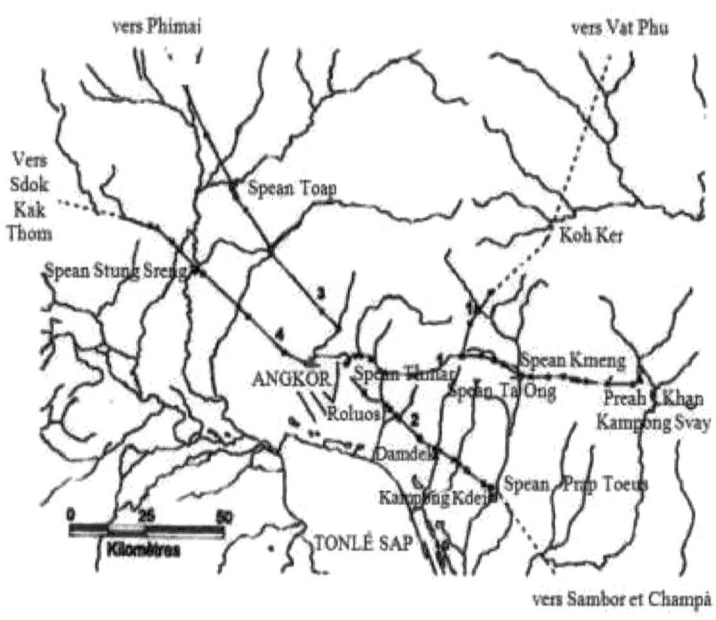

Routes et Ponts de Jayavarman VII

D'après B. Dagens, Les Khmers, 2005, p. 70.

De très nombreux ponts en pierre assurent la continuité de ces routes. On en trouve encore plusieurs dizaines plus ou moins bien conservés le long de ces axes routiers, en particulier le Spean Toap ou Pont de l'Armée sur la route de Oudor Mean Chhey, le Spean Srèng sur la rivière Stung Srèng, le Spean Ta Ong sur la rivière de Chikrèng et le célèbre **pont Prap Toeus** d'une longueur de 87 mètres, sur la même rivière à proximité de Bantei Kdei dans la province actuelle de Kompong Thom, qui reste intact malgré son âge de plus de neuf siècles.

Pont de Jayavarman VII : Spean Prap Toeus

Sur tout le long de ces routes, il existait des « maisons avec du feu » comme disaient les inscriptions, ou gîtes d'étapes distants les uns des autres d'une quinzaine de kilomètres, que Tcheou Ta Kouan a évoqué un siècle plus tard, en disant qu'il « existe des lieux de repos semblables à nos relais de postes ». Il s'agit en effet des abris en cas d'intempéries et des centres de repos pour les voyageurs au cours de la nuit. Une stèle de Prah Khan cite un nombre total de **121**. Cette structure faisait toujours partie d'un « asrâma » qui remplissait trois fonctions : centre de séjour et de méditation des brahmanes, collèges ou lycées d'enseignement du premier cycle, centre d'accueil des voyageurs. De nos jours il existe encore ce genre d'abri sur le bord des routes quoiqu'en nombre beaucoup plus faible et ils sont rattachés à une pagode bouddhique située non loin de cette construction. Il est indéniable que ces routes avaient un rôle stratégique certain et elles facilitaient grandement les déplacements des gens qui s'effectuaient à cette époque à pied, à cheval, à dos d'éléphants et en charrettes à bœufs.

Jayavarman VII inaugure aussi son règne, comme tous les grands rois d'Angkor, par la réalisation d'un immense barây ou étang utilisé pour l'agriculture. Ce barây baptisé Jayatatàka ou « étang du roi Jaya » mesure 3500 mètres de long sur 900 mètres de large. Il est connu aujourd'hui sous le nom de barây septentrionnal ou aussi **barây de Preah Khan**. Un monument appelé Neak Péan ou « Serpents enroulés » est érigé au centre du barây à l'image du mont Méru qui est au centre de la Terre. D'autres réservoirs de tailles diverses sont éparpillés aussi à travers tout le royaume jusqu'aux contrées les plus lointaines. Cette « politique de l'eau » permettait trois à quatre récoltes de riz par an et répondait à l'adage angkorien qui disait : « *on fait le riz avec de l'eau et on fait la guerre avec le riz* ». L'économie khmère était à cette époque essentiellement agricole. A cela s'ajoutaient évidemment les ressources des forêts qui étaient immenses et aussi des lacs et des rivières également d'une grande richesse. Le commerce extérieur se faisait avec la Chine et le Champà mais aussi avec les Etats du sud. Le Pays khmer sous le roi Jayavarman VII était sans conteste un pays prospère. Effectivement, comme disait B. Dagens, « la mise en place de ces aménagements lourds - barâys ou ponts – ne pouvait être le fait que d'un pouvoir central puissant et riche ». Dix ans seulement après son règne et à propos des centres religieux, une stèle de Prah Khan mentionna ainsi l'existence de « 20.000 divinités en or, argent, bronze et pierre réparties dans toutes les provinces. Leur service culturel occupait 306.372 serviteurs habitant dans 13.500 villages et absorbait annuellement 38.000 tonnes de riz. Ces centres renfermaient aussi des milliers de kilogrammes d'or et d'argent, des dizaines de milliers de gemmes et de perles et d'énormes quantités de denrées de toutes sortes » (G. Coedès)[67]. Finalement c'est cela qui explique que si en Europe on dit « riche comme Crésus », en Chine au XIIIè siècle on disait plutôt « riche comme le Tchen La », Tchen La étant le pays des Khmers pour les Chinois (Abel Rémusat)[68].

3. Education et Santé publique

Le système éducatif a toujours existé au royaume des Khmers, au moins depuis le début de l'ère chrétienne avec l'arrivée du roi Kaundinya, car **l'éducation est la raison d'être même de la religion brahmanique.** Sa « Bible » s'appelle le Veda ou « Connaissance ». Les brahmanes, toujours d'après le Veda ont le devoir sacré d'enseigner. Ils ont le monopole de l'Enseignement. Toutes les dépenses liées à cet effet revenaient au roi, autrement dit à l'Etat. Les matières enseignées étaient toutes contenues dans le Veda et, comme on a déjà vu à propos de la jeunesse du roi Jayavarman VII, elles concernaient toutes les connaissances c'est-à-dire religieuses et non religieuses. Certaines matières ont été écrites depuis plusieurs siècles avant Jésus Christ comme la grammaire sanscrite de Panini vers l'an 500 avant J.C ou l'Arthasastra écrit par le brahmane Chanakya vers l'an 300 également avant J.C.

Le roi Jayavarman VII a donné à l'enseignement un développement considérable avec surtout une organisation digne des temps modernes. Les très nombreuses inscriptions datant de son règne nous éclairent parfaitement sur ce fait. Le centre de **Prah Khan** que tout le monde considère comme un « temple »[69] était aussi le siège de direction de cet enseignement

---

[67] Georges Coedès, *Pour mieux comprendre Angkor*, op. cit., pp. 207-208.

[68] Abel Rémusat, *Description du Cambodge par un voyageur chinois qui a visité cette contrée à la fin du XIIIè siècle*, Texte traduit du chinois. Imp. de J. Smith. Paris, 1819, p. 7.

[69] Dans la religion brahmanique il n'existe pas de temple public. Toutefois comme tout est placé sous le signe de la religion et sous la

secondaire. C'était en quelque sorte le Ministère de l'éducation nationale . Ce centre dirige et pourvoit aux besoins matériels de tous ces collèges ou lycées du royaume. En effet, la principale caractéristique du système d'enseignement brahmanique est qu'il fut financé en totalité par l'Etat et ceci comprend aussi bien les frais pour la construction de ces collèges que les salaires des enseignants et de tout le personnel annexe ainsi que toute la fourniture scolaire y compris les vêtements et les repas des élèves et de leurs maîtres. Autrement dit **l'enseignement était gratuit**. On comptait à cette époque **121 collèges** ou lycées avec 2898 élèves (stèle de Prah Khan) qui vivaient tous en « internat » (il y en avait **100** au temps de Yaçovarman Ier vers l'an 900 et **un seul** du nom de Lycée Sisowath en l'an 1950 après presque 100 ans de protectorat français). Chaque collège disposait d'une bibliothèque appelée pustakàsrâma ou maison des livres (pustakà = livre) dirigée dans chaque quinzaine du mois par un bibliothécaire assisté lui-même de trois préparateurs des feuilles de palmiers pour l'écriture. « *Les professeurs étaient recrutés par concours avec des critères très précis et rigoureux. Ils doivent avoir une excellente conduite et à science égale, le connaisseur du Veda est préféré au spécialiste de la grammaire. Ils sont logés et nourris comme les élèves et les plus savants d'entre eux disposent même de six serviteurs...* » (B. Dagens)[70].

L'enseignement supérieur était dirigé à partir du centre de **Prah Prùm** (Brahma) (Saveros Pou)[71] ou actuel Ta Prohm qui était aussi le siège de l'Université d'Angkor avec ses nombreuses facultés dont la philosophie, les lettres, la médecine, l'art et l'architecture, etc. Une stèle de ce centre indique qu'il abritait 970 étudiants tous logés et nourris comme

---

protection de dieu, toutes les constructions renferment toujours un ensemble religieux avec des statues de divers dieux brahmaniques.

[70] Bruno Dagens, *Les Khmers*, op. cit., p. 284.
[71] Saveros Pou, *Les noms des monuments khmers*, BEFEO, 1991, vol. 78. p. 208.

tous les élèves des collèges ou lycées du royaume. La faculté de droit fait exception à cette règle car elle était hébergée à Prah Khan. Il existait aussi à Prah Prùm une université réservée spécialement aux jeunes filles au nombre de plusieurs centaines qualifiées de « râjapriyas » ou les Bien-aimées de Sa Majesté le roi (priya = bien-aimé), dirigée par la propre belle-sœur de Jayavarman VII, la princesse Indradevi qui avait le titre de « Professeur en chef », ou recteur de l'université, décerné par le roi lui-même. D'après les inscriptions, elle était l'incarnation même de la « Déesse du savoir » du fait de son érudition.

La santé publique est le deuxième domaine social le plus marquant de Jayavarman VII. On dénombre sous son règne 102 hôpitaux répartis à travers tout le royaume. Ils sont tous construits selon un modèle architectural unique et sont placés sous la protection de Bouddha Bhaishajyaguru ou « Maître des remèdes » installé dans une chapelle placée au centre de chaque hôpital. Ce dieu du bouddhisme mahayana est aussi le troisième Bouddha dans le bouddhisme tantrique ou Vaijrayana du Tibet, le Bouddha Sakya Muni étant le quatrième. Les hôpitaux étant des centres de soins, il était alors bien naturel et logique de les mettre sous la protection de ce « Bouddha guérisseur » comme son nom l'indique car le roi Jayavarman VII était bouddhiste du mahayana.

Une stèle de fondation est placée devant la chapelle de l'hôpital. Les stèles sont identiques pour les 102 hôpitaux. On a retrouvé l'une d'elles en parfait état de conservation à Say Fong au sud de Vientiane qui faisait partie évidemment du Grand Pays khmer. Cette stèle se trouve actuellement au musée national de Bangkok. Grâce à ces stèles, on sait par exemple qu'il existait quatre hôpitaux à Angkor dont un à chaque porte de la ville. Les Khmers des quatre castes peuvent tous se faire soigner gratuitement dans ces hôpitaux, ce qui est un fait bien remarquable. C'est aussi sur ces stèles qu'on peut lire la fameuse inscription disant que « le roi souffre des maladies de ses sujets plus que des siennes et c'est la douleur du peuple qui fait la douleur des rois et non pas leur propre douleur » (stèle de Say Fong ou SF, stance XIII).

VII. DISPARITION DE JAYAVARMAN VII

Le roi Jayavarman VII mourut vers l'an 1221 à un âge très avancé de 96 ans. Ses funérailles royales se firent selon les rites entièrement brahmaniques. Il fut incinéré et ses cendres furent enterrées dans la plus haute tour de son monument religieux personnel le Bayàn, au pied d'une statue d'un Bouddha assis sur les replis du nâga-serpent **Mucilinda** qui le protège en même temps des intempéries par ses capuchons déployés. Cette statue de 3,60 m de haut représente en fait non pas Bouddha mais le roi Jayavarman VII lui-même et s'il était représenté ainsi en Bouddha, cela signifie simplement selon le langage de la sculpture khmère que le roi était un parfait bouddhiste.

Au cours de la guerre de religion, sous le règne du roi Jayavarman VIII (1243–1295), elle fut cassée et jetée dans les profondeurs du puits central de la plus haute tour du Bayàn ou Bayon par ses adversaires, les bouddhistes du Theravada. Brisée en menus morceaux, elle fut découverte en 1933 par Georges Trouvé, un conservateur d'Angkor au nom bien prédestiné. Celui-ci a pu réaliser ensuite sa reconstitution et la nouvelle statue reconstituée fut réinstallée solennellement en 1935 en présence du roi Monivong, à l'Est de la Place royale en bordure de la « route royale » menant vers le Porte royale appelée jusqu'ici très improprement la Porte de la Victoire[72].

---

[72] Comme le mot Jaya signifie Victoire, les savants ont traduit la Porte Royale par porte de la victoire et la fameuse avenue par route de la victoire, ce qui n'est pas exact du tout. Angkor Thom, la ville royale de Jayavarman VII s'appelait probablement **Jayàdityapùra** comme elle est citée sur la stèle des hôpitaux dont celle de Say Fong (st. IV).

Statue originale de Jayavarman VII
(avec le Bodhisattva Maitreya)

Pour finir il a reçu le nom posthume de **Mahaparama-saugatàpada** » comme on a déjà vu et qui veut dire celui qui est arrivé au pied du Très grand et Suprême Bouddha (pàda = pied, saugata = Bouddha). Autrement dit, le roi Jayavarman VII était arrivé au Nirvâna.

CHAPITRE 10

LE BAYON

I . LE BAYON ET SES SIGNIFICATIONS

Le roi Jayavarman VII monta sur le trône en l'an 1181. Sa première tâche était de reconstruire sa ville-capitale à Angkor qui avait été détruite cinq ans auparavant par les Chàms. Cette ville baptisée **Prah Khan Jayasri** est connue actuellement sous le nom de monument de Preah Khan. Elle est édifiée à l'endroit même où Jayavarman VII avait livré une bataille et obtenu la victoire finale sur les Chàms. Au centre de cette ville et conformément à la tradition, Jayavarman VII édifia un monument religieux destiné à abriter son « dieu personnel », son royal ishtadeva qui est ici un bodhisattva baptisé **Lokesvara Jayavarmeçvara** car le roi était bouddhiste du mahayana. Il a placé, à côté de ce dieu, qui était le plus vénéré du royaume, une statue de son père pour lui rendre un hommage suprême. Pour autant ce monument n'était pas du tout dédié au père de Jayavarman VII comme cela a été écrit par tous les auteurs français. En effet on voit aussi plus tard la statue du roi

Norodom parmi les bouddhas de la Pagode d'Argent du Palais royal à Phnom Penh et il n'a jamais été question que la Pagode d'argent était dédiée de ce fait au roi Norodom. Le fait de mettre la statue du roi parmi les divinités a, pour les Khmers, une double signification : 1) le roi était entré symboliquement dans le monde des divinités autrement dit il était au ciel ou au Nirvâna. 2) le roi sera vénéré comme une divinité.

Apparemment la cité de Prah Khan Jayasri qui employait à l'époque 97.850 personnes d'après les inscriptions de sa stèle centrale s'avérait être à l'étroit. Le roi Jayavarman VII fit édifier alors une nouvelle ville connue actuellement sous le nom de Angkor Thom ou le Grand Angkor. Au centre géométrique de la nouvelle ville il édifia le célèbre monument désigné aujourd'hui sous le nom de Bayon. Théoriquement c'est ce monument qui devait abriter le « dieu personnel du roi » mais Jayavarman VII a laissé simplement son dieu « Lokesvara Jayavarmeçvara » à son ancienne ville de Prah Khan Jayasri.

Bodhisattvas sur le Bayon

Le Bayon, comme tous les autres monuments religieux personnels des rois khmers, est un monument strictement privé. Il ne s'agit pas d'un temple public ni d'une église ou d'un vihâra bouddhique où les gens peuvent se réunir pour faire des prières et autres cérémonies religieuses. Seul le roi Jayavarman VII pouvait y faire des cérémonies avec l'aide des brahmanes et des religieux bouddhistes du mahayana. Ce monument était d'ailleurs confié à la garde et aux soins des brahmanes comme tous les autres monuments royaux khmers.

Jayavarman VII était bouddhiste du mahayana. Son « dieu personnel » était un boddhisattwa. L'immense statue de Bouddha assis en position de méditation sur les replis d'un nâga à sept têtes exposée sur la plus haute tour du Bayon n'est pas Bouddha. Ce n'est pas non plus la statue de Jayavarman VII en apothéose. **La notion même d'apothéose n'existe pas au Pays khmer,** pour la simple raison que les Khmers respectent et craignent trop les dieux pour oser se prendre pour dieu. C'était seulement la statue de Jayavarman VII représentée en bouddha, pour dire selon le langage de la sculpture khmère, qu'il était un parfait bouddhiste (Thach Toan)[73].

Le bouddhisme mahayana accorde plus de considérations aux Bodhisattvas qu'à Bouddha Sakya Muni lui-même. Les Bodhisattvas ou Lokesvàras sont « des hommes qui ont déjà atteint le stade d'Eveil ou de l'illumination intérieure mais qui retardent leur départ au nirvâna afin de se consacrer à l'illumination des autres êtres encore plongés dans les ténèbres de l'ignorance » (J. Masson)[74]. C'est en fait le principe de la compassion, principe de base de cette forme du bouddhisme. Le Bayon est finalement un monument bouddhique mahayana consacré aux Bodhisattvas ou Lokesvaras qui y sont représentés par les centaines de visages rayonnant dans toutes les directions sur les hauteurs de l'édifice.

---

[73] Thach Toan, *Histoire des Khmers*, op. cit., pp. 68-70.

[74] Joseph Masson, *Le Bouddhisme*, Desclée de Brouwer. Paris, 1975. p. 147.

On sait que Jayavarman VII, bien qu'il soit bouddhiste du mahayana, n'a pas renié pour autant les principes du brahmanisme. Cette religion considère aussi Bouddha comme un simple avatar du dieu Visnu. C'est pour toutes ces raisons que l'on trouve au Bayon d'innombrables dieux brahmaniques dont des dizaines de lingas représentant le dieu Siva dans la partie est du monument et aussi des dizaines de statues du dieu Visnu installées dans la partie ouest. La nuance ici réside dans le fait que les dieux brahmaniques se trouvent à l'étage inférieur par rapport aux Bodhisattvas qui étaient au dessus et qu'ils étaient ainsi bien inférieurs aux premiers.

Une autre tradition importante respectée par les souverains d'Angkor était le principe de se faire inhumer à leur mort dans la plus haute tour du monument. Le diplomate chinois Tcheou Ta Kouan[75] qui a séjourné à Angkor de 1295 à 1296 disait : « Les souverains sont enterrés dans des tours, mais je ne sais si on enterre leur corps ou si on enterre leurs os ». Effectivement les cendres du roi Jayavarman VII furent inhumées au pied de sa propre statue dans la plus haute tour du Bayon tout comme le roi Sûryavarman II dont on a inhumé les cendres au pied de sa propre statue représentant Visnu au sommet de Visnuloka ou Angkor Vat. Cette inhumation fait dire à de nombreux auteurs que les monuments en question sont des « mausolées ». Il ne semble pas que les Khmers connaissaient les mausolées[76]. Il s'agit ici d'une tradition purement religieuse. Pour les rois khmers, être enterrés dans ces demeures des dieux veut dire qu'ils entrent dans le monde des dieux, autrement dit cela veut dire qu'ils arrivent au nirvâna.

---

[75] Tcheou Ta Kouan, *Mémoires sur les coutumes du Cambodge*, op. cit., p. 24.

[76] Les souverains monégasques se font tous inhumer dans la cathédrale de Monaco. Celle-ci n'est pas pour autant considérée comme un mausolée ! Les souverains anglais se font inhumer aussi dans l'Abbaye de Westminster et l'Abbaye n'est pas considérée comme un mausolée non plus.

Sur le plan architectural, le Bayon représente aussi le mont Méru de par sa situation au centre géométrique de la ville qui est elle-même l'image de la Terre, monde des hommes entouré d'océans et des chaînes montagneuses infranchissables symbolisés à leur tour par les douves et les hautes murailles.

II . LE BAYON ET ANGKOR

Le Bayon s'appelait-il le Bayon ? Evidemment il ne s'appelait pas le Bayon. La langue officielle de cette époque étant le sanscrit, le nom de cet édifice ne pouvait être qu'un nom sanscrit. Le nom de Bayon a été donné dans la période post-angkorienne. Saveros Pou[77] lui a trouvé le nom originel de **Bayàn** ou Bayànt car pour cette éminente savante khmère ce nom vient du sanscrit Vaijajànta qui est lui-même le nom du Palais terrestre de Indra. En 1952, Norodom Malika[78] avait signalé aussi ce nom de Bayàn mais dans un contexte historique très discutable.

Comme tous les rois d'Angkor, Jayavarman VII donne par principe son propre nom de **Jaya** à tout ce qu'il a créé et à tout ce qui lui appartient. C'est ainsi que la muraille de la ville d'Angkor était désignée sous le nom de Jayagiri = montagne de Jaya, la douve entourant la ville s'appelait Jayasandhu = océan de Jaya, le bâray septentrional se nommait Jayatatàka = étang de Jaya, son épée royale Prah Khan Jayasri = Sainte épée du Fortuné Jaya et même la reine principale se prénommait Jayarâjadevi ou Déesse royale de Jaya. On peut encore noter que la porte de la ville donnant sur le Palais royal s'appelait Jayadvàra = Porte du roi Jaya, et la route menant de cette porte au Palais royal avait pour nom Jayavithi = route du roi Jaya. Dans cet esprit il ne serait pas étonnant que le nom du Bayon,

---

[77] Saveros Pou, *Les noms des monuments khmers*, BEFEO, 1991, Vol. 78. p. 223.

[78] Norodom Malika, *Pongsavada Pratés Kampuchéa*, Ed. Ministère de l'Education Nationale du Cambodge, 1952, p. 17.

son monument religieux personnel, reçoive aussi un nom commençant par Jaya comme par exemple **Jayanta** qui par déformation devient Bayànt puis Bayon, et Jayanta signifie victorieux.

Toujours par ce même principe, la ville actuelle d'Angkor Thom ou Angkor la Grande, ne s'appelait pas ainsi non plus. Elle s'appelait Yaçodharapura du temps du roi Yaçovarman Ier. Rien n'empêche Jayavarman VII de donner à la ville son nom qui est Jaya comme **Jayàdityapura** citée dans la stèle de Say Fong (stance IV). Et il en était probablement ainsi, bien que Jayavarman VII lui-même ait reconnu sur la stèle de Prah Khan Jayasri qu'il était né dans la cité de Yaçodharapura.

III . DESTRUCTION DU BAYON

Mais qui a détruit le Bayon ?

Et depuis quand ?

D'abord ce ne sont pas les Chàms car, lorsqu'ils ont saccagé la capitale khmère en 1177, le Bayon n'était pas encore construit et depuis cette époque ils n'étaient pas revenus au Pays khmer. Jayavarman VII lui-même s'était vengé de ce raid en envahissant le Champà et en occupant ce pays pendant 20 ans. Ce ne sont pas les Chinois non plus, bien que Kubilaï Khan ait envoyé en 1282 une armée de 200000 hommes commandée par le général Sögatu contre le Champà d'abord, puis contre le royaume khmer, car la colonne chinoise avait dû rebrousser chemin, après avoir quitté Quang Tri en direction de la ville khmère de Savannakhèt, suite à des difficultés matérielles rencontrées par la cavalerie mongole.

Ce ne sont pas les Siamois non plus car durant le règne de Jayavarman VII ils étaient encore au Yun Nan dans le sud de la Chine actuelle, au royaume de Nan Zhao. Leur première installation au Pays khmer (dans le nord du Siam actuel) date seulement de l'année 1238 sous le règne de Indravarman II (1221-1243). Ils ont obtenu à cette date l'autonomie de la ville de Sukhôtai qui devint un royaume en 1242. Ce royaume de Sukhôtai n'était devenu une puissance que sous le roi Râmakamhèng (1279-1298). Celui-ci n'a d'ailleurs jamais mis les pieds dans la capitale khmère et après sa mort en 1298, son royaume de Sukhôtai fut complètement disloqué.

En **1350** le prince de U Thong, descendant d'un prince khmer vassal d'Angkor et d'une princesse khmère, fonda un nouveau royaume indépendant du royaume khmer. Pour se différencier des Khmers d'Angkor, il adopta la nouvelle culture dite « siamoise » inventée par Râma Kamhèng. Il transféra ensuite sa capitale de U Thong à Ayutthya en 1351 où il se fit couronner roi sous le nom de Râma Thibodi. En 1352, les Siamois de Râma Thibodi attaquèrent Angkor qu'ils ont mis à sac, vidé de ses habitants et l'occupèrent pendant cinq ans. Ce fut aussi leur première incursion à Angkor.

Mais la destruction du Bayon a eu lieu bien avant cette date. En effet, Tcheou Ta Kouan qui était venu en 1295 dans la capitale khmère a déjà parlé d'une guerre récente. Dans le texte original de ses « Mémoires » il a parlé de la guerre avec les « **Tchhi-Thou** » (Abel Rémusat »[79]. Ce sont des auteurs français, dont Paul Pelliot[80], qui ont traduit Tchhi-Thou par Siamois. Et voilà comment on peut trouver une erreur regrettable dans l'Histoire des Khmers.

G. Coedès[81] mit la destruction du Bayon sur le compte de Jayavarman VIII. Il écrivit : « Nous savons par les inscriptions que les successeurs de Jayavarman VII répudièrent le bouddhisme du Grand Véhicule pour renouer avec la tradition

---

[79] Abel Rémusat, *Description du Cambodge par un voyageur chinois qui a visité cette contrée à la fin du XIIIè siècle*, Texte traduit du chinois, Imp. de J. Smith, Paris, 1819, pp. 14-15.

[80] Paul Pelliot, Tcheou Ta Kouan, *Mémoires sur les coutumes du Cambodge*, op. cit., p. 34.

[81] Georges Coedès, *Les Etats hindouisés d'Indochine et d'Indonésie*, De Boccard, Paris, 1989, p. 350.

hindouiste ; on a vu que les monuments portent les traces de cette réaction ». Il est vrai que le roi Jayavarman VIII était brahmaniste et que son prédécesseur Indravarman II était bouddhiste du mahayana. Cependant, contrairement à ce que pense G. Coedès, le problème pour Jayavarman VIII n'était pas le bouddhisme mahayana, qui co-existait depuis toujours avec le brahmanisme, mais c'était le bouddhisme du Theravada ou Petit Véhicule qui avait fait de grands progrès dans le royaume depuis cinquante ans. Cette forme de bouddhisme, introduite par le prince-bonze Tamalinda en 1190, conteste l'existence de Dieu dont évidemment Brahma, Visnu et Siva, conteste le caractère sacré des brahmanes et chose plus grave conteste la division des hommes en castes ou classes sociales. Ces idées révolutionnaires portent atteinte au Veda, la Bible du brahmanisme et la Constitution du royaume. Ces contestations touchaient aux fondements les plus sacrés du royaume et entraînèrent évidemment la réaction de Jayavarman VIII.

Ce n'était pas contre le bouddhisme mahayana que Jayavarman VIII avait combattu, mais c'était bien contre le bouddhisme theravada. Il y eut effectivement une guerre au Pays khmer pendant tout le règne de ce roi, de 1243 à 1295. C'était une guerre civile khmère d'origine religieuse entre les brahmanistes et les bouddhistes du mahayana d'une part et les bouddhistes du Theravada d'autre part. En effet, celui-ci n'épargnait pas non plus le bouddhisme mahayana qui était son adversaire depuis le IIIè siècle avant Jésus Christ, lors du schisme de Pataliputra sous le roi Asoka. La légende selon laquelle Jayavarman VII avait contracté la lèpre datait de cette époque, légende inventée par les bouddhistes du Theravada pour nuire à son image.

En 1295 le roi Jayavarman VIII brahmaniste fut renversé et tué par un général d'armée de religion bouddhique du Theravada. Ce crime profita, non pas aux bouddhistes du mahayana (dans l'hypothèse de G. Coedès), mais bien à un bouddhiste du Theravada. Celui-ci régna ensuite à Angkor sous le nom de Sri Indravarman ou Srindravarman. Les partisans du bouddhisme theravada obtinrent la victoire. Dans la violence de cette lutte finale, ils détruisirent tous les monuments et les symboles du brahmanisme[82]. Ils détruisirent aussi les monuments et les symboles du bouddhisme du mahayana dont le Bayon du roi Jayavarman VII.

---

[82] L'arrivée sur le trône de Sûryavarman Ier en l'an 1002 puis de Jayavarman VII en 1181, tous deux bouddhistes du mahayana, n'a été suivie ni par des destructions ni par des actes de vandalisme. De même les brahmanistes ne détruisaient pas non plus les monuments bouddhiques du mahayana car ces monuments renferment aussi des divinités brahmaniques.

CHAPITRE 11

UNIVERSITES KHMERES ET UNIVERSITES HINDOUES

Parler d'une université khmère au IXè ou au XIIè siècle peut laisser bien perplexe un bon nombre de gens. En effet, l'image que l'on donne de ce peuple khmer est tellement négative que l'on imagine mal qu'il ait pu accéder à un tel degré de connaissance. Comment ce peuple considéré comme des esclaves arrivait-il à avoir des universités ? Comment ces rois khmers, qui se prenaient pour dieu avec leur culte du Dieu-Roi, qui ne pensaient qu'à leur gloire personnelle avec leur mégalomanie et en faisant marcher leur peuple à la force des fouets, pouvaient-ils avoir l'idée de se doter d'une université ? G. Coedès[83], directeur de l'Ecole Française d'Extrême Orient ou EFEO, dont les écrits sont paroles d'évangile pour le monde entier, n'avait-il pas dit ainsi à propos des constructions des monuments : « Il faut visualiser cette armée de carriers

---

[83] Georges Coedès, *Pour mieux comprendre Angkor*, op. cit., p. 207.

attaquant les flancs du Phnom Kulên, de portefaix traînant ces énormes blocs de grès, de maçons entassant les pierres, de sculpteurs et de décorateurs, ces fourmilières humaines non pas animées de la foi collective des bâtisseurs de nos cathédrales, mais recrutées par la conscription, pour élever à la gloire de leur prince des mausolées où ils ne devaient guère avoir accès ». Les résultats de ces affirmations péremptoires, souvent abusives et parfois sans fondement[84] ne se firent pas attendre car, disait A. Forest[85], « on n'a jamais vu un peuple qui fait l'objet d'un tel mépris à travers le monde que le peuple khmer » !

Il faut cependant se rendre à l'évidence ou plus exactement à la réalité. Le Pays khmer du Ier au XIVè siècle avait une culture. Cette culture s'appelle la culture hindouiste. C'est une culture d'origine hindoue. Elle fut introduite au Pays khmer par le brahmane hindou Kaundinya. Pendant treize siècles le Pays khmer s'est développé comme un pays hindou et parallèlement aux différents royaumes hindous de cette époque. Sur le plan de la culture, il n'y avait pas de rupture des relations entre les Khmers et les Hindous jusqu'au milieu du XIVè siècle. Evidemment sur ce fond de culture hindouiste, les Khmers ajoutèrent aussi leurs propres inventions nées de leur propre génie. Et c'est ainsi que sont nées les universités khmères à l'image des universités hindoues.

Mettre en doute l'existence d'une université khmère à Angkor c'est tout simplement ne rien connaître de l'Inde ancienne. Il est vrai que « certains Occidentaux croyaient hier encore que la civilisation était une affaire exclusivement

---

[84] Dire que la première reine khmère s'appelait « Feuille de cocotier » sans justification est sans fondement. De même la traduction péremptoire de « Kamratèn Jagat tà râja » par Devarâja est aussi sans fondement. Et on peut en citer d'autres !

[85] Alain Forest, *Le culte des génies protecteurs au Cambodge*, L'Harmattan, Paris, 1992, p. 6.

européenne » (W. Durant)[86]. **L'Histoire de l'humanité n'avait pas commencé en Grèce** et sans remonter jusqu'à la civilisation de l'Indus vers l'an -3500, on sait que l'Inde fut un berceau de grandes civilisations plusieurs siècles avant Jésus Christ.

I . UNIVERSITES HINDOUES

La religion brahmanique a pour bible le Veda qui veut dire « connaisssance » et l'éducation est en quelque sorte sa raison d'être. Tout le monde reconnaît qu'il y avait beaucoup moins d'illettrés en Inde sous l'empereur Asoka au IIIè siècle avant Jésus Christ que sous les Anglais au XXè siècle de l'ère chrétienne.

Les universités hindoues ont existé depuis l'antiquité. Au temps du roi Chandragupta Maurya (321-297 av. JC) la ville de Taxila située à environ trente kilomètres au nord de l'actuel Rawalpindi (Pakistan) était une cité très célèbre parmi les deux mille cités de l'Inde du Nord. Elle renfermait la plus importante université parmi les quelques universités existant à cette époque. « Les étudiants affluaient à Taxila autant qu'à Paris au Moyen Age ; on pouvait y étudier les arts et les sciences avec les meilleurs professeurs et son école de médecine était tenue en très haute estime dans tout le monde oriental » (W. Durant). Du temps de Bouddha au VIè siècle avant Jésus Christ, l'université de Bénarès faisait la gloire de la doctrine brahmanique. Ujain, dans le Rajasthan actuel, était célèbre par ses astronomes et Ajanta dans le Madhya Pradesh était réputé pour ses professeurs d'art.

La célèbre université bouddhique du mahayana de Nalanda, située à 90 kilomètres de Patna dans le Bihar, fut créée vers le Vè siècle avant Jésus Christ. Elle s'appelait en fait Sri Mahavihâra Arya Bhikshu Sanghasya. Elle comptait jusqu'à

---

[86] Will Durant, *Histoire de la Civilisation* : *Notre héritage oriental*, op. cit., p. 140.

10000 étudiants (tous bonzes du mahayana), 2000 enseignants et possédait une centaine de salles de conférences, de très nombreuses bibliothèques dont la plus importante contenait jusqu'à 9 millions de volumes. Six immenses dortoirs, hauts de quatre étages, construits en briques rouges permettaient de loger les étudiants. Il y avait aussi dix grandes piscines où les étudiants se baignaient tous les matins. Ceux-ci étaient tous logés et nourris gratuitement. Au VIIè siècle, le bonze chinois Hiuen Tsang y séjourna comme étudiant pendant cinq ans et sur son chemin de retour en Chine, il fut reçu par le roi khmer Içànavarman Ier vers l'an 635 dans sa capitale de Içànapura, actuel Sambor Prei Kuk dans la province de Kompong Thom. A l'université de Nalanda « on étudiait **en sanscrit** les Vedas, les Upanishads, la cosmologie (samkhya), la philosophie, la logique (nyaya), la grammaire, la physique, la mécanique et aussi la médecine, etc » (A. Daniélou)[87]. Nalanda fut rasée par les musulmans de Muhammad ibn Bakhtiar Khilji de l'Afghanistan en 1199, tous ses étudiants furent égorgés ou brûlés vifs et la grande bibliothèque n'a cessé de se consumer qu'au bout de six mois.

La gratuité de l'enseignement est un autre caractère marquant du système brahmanique. Les étudiants étaient totalement pris en charge par l'université c'est-à-dire qu'ils sont logés, nourris, habillés et toutes les affaires scolaires leur étaient fournies gratuitement. Les professeurs bénéficiaient aussi de ce régime et en plus ils étaient rémunérés. Pour toutes ces dépenses nécessaires, l'université de Nalanda recevait les revenus de cent villages. Cela signifie que l'Etat mettait à sa disposition cent villages avec leurs terres et leurs habitants qui travaillaient alors sous les directives de l'université et à son bénéfice exclusif. Ces villages et ces habitants continuaient à être théoriquement les propriétés de l'Etat.

---

[87] Alain Daniélou, *Histoire de l'Inde*, Fayard, Paris, 1971, pp. 202-204.

L'enseignement chez les Hindous se faisait à deux niveaux : primaire et universitaire. Il n'existait pas de cycle du secondaire comme en Europe. Les élèves de ce cycle primaire bénéficiaient aussi de la même gratuité tout comme leurs professeurs. Dans la pratique « vers l'âge de cinq à huit ans les enfants fréquentaient l'école de leur village ; ils apprenaient par cœur les textes sacrés du Veda et on s'efforçait surtout de leur donner de bonnes habitudes de vie et de propreté. A huit ans l'enfant passait dans les mains d'un guru, sorte de professeur particulier ou de précepteur avec qui il vivait et avec qui il restait, si la chose était possible jusqu'à l'âge de vingt ans. C'est alors qu'il commençait à étudier les cinq sciences : la grammaire, les arts et les métiers, la médecine, la logique et la philosophie. Généralement, il passait vers seize ans des mains de son guru à l'une des grandes universités qui furent la gloire de l'Inde antique » (W. Durant)[88].

II . UNIVERSITES KHMERES

L'enseignement khmer était naturellement à l'image exacte de l'enseignement hindou. Il se faisait aussi à deux niveaux : **primaire et universitaire**. Il n'existait pas de cycle secondaire. Cet enseignement était également gratuit.

Une stèle du monument Tà Prohm, de son nom d'origine Prah Prùm, indique que ce centre, outre qu'il était un centre religieux, hébergeait aussi **970 étudiants**. Ceux-ci étaient tous logés et nourris comme leurs professeurs. Ils y apprenaient comme en Inde et en **sanscrit** les Vedas, les lettres, la philosophie, la logique, la cosmologie et aussi les sciences, les arts et la médecine. Le droit était dispensé dans le centre de Prah Khan Jayasri qui était aussi le Centre national pour tout l'enseignement du cycle primaire avec ses 121 collèges et ses **2898 élèves** répartis à travers tout le royaume.

---

[88] Will Durant, *Histoire de la Civilisation* : *Notre héritage oriental*, op. cit., p. 388.

L'élimination radicale de l'hindouisme, y compris la langue sanscrite, par les Khmers bouddhistes du Theravada au XIVè siècle ne permet guère de connaître avec exactitude les contenus des matières d'enseignement de cette époque. On peut cependant dire, sans erreur aucune, que toutes ces matières étaient les mêmes que celles enseignées dans les universités hindoues. Il existait en effet un courant continu des brahmanes qui venaient de l'Inde vers le Pays khmer et qui contribuaient à l'actualisation des connaissances. L'un des plus célèbres d'entre eux était le brahmane Hrishikeçà qui était venu des bords de la Yamuna et qui devint plus tard le Preah guru ou Saint maître du roi Jayavarman VII.

Les connaissances générales étaient des plus avancées pour leur époque. La philosophie par exemple était une matière des plus sophistiquées. Ne disait-on pas que l'Inde était le berceau de la philosophie ? Elle fut enseignée en tout cas à travers les Upanishads, textes bien antérieurs au plus ancien texte connu de philosophie grecque. La logique ou nyaya était enseignée à travers le « Nyaya sutra ». Les sciences ont déjà atteint un degré élevé. Les Siddhantas sont des traités d'astronomie datant de l'an 425 avant Jésus Christ. Aryabhata disait : « La sphère des étoiles est stationnaire et c'est la terre qui par sa rotation produit le lever et le coucher quotidien des planètes et des étoiles ». N'est ce pas là les explications de la « Terre qui tourne » ou « Eppur, si muove » de Galilée qui lui a valu une condamnation par l'Inquisition en 1633 ? Le même savant hindou exposait déjà en vers les équations carrées, les sinus et les valeurs de Pi = 3,1416. Les chiffres dits « arabes » sont gravés vers 256 av. JC sur les rochers dans les édits d'Asoka soit environ mille ans avant qu'ils n'apparaissent chez les auteurs arabes. Le zéro était effectivement un chiffre hindou appelé au début « bindu » symbolisé par le signe d'un point «.» et c'est dans un document arabe daté de l'an 873 après Jésus Christ que l'on trouve le zéro utilisé pour la première fois en Europe. Le savant français

Laplace[89] écrivait aussi : « c'est de l'Inde que nous vient l'ingénieuse méthode d'exprimer tous les nombres en dix caractères, en leur donnant à la fois une valeur absolue et une valeur de position, idée fine et importante qui nous paraît maintenant si simple que nous en sentons à peine le mérite ». La physique est un autre domaine bien remarquable. La notion des corps simples et des corps composés était connue depuis au moins cinq siècles avant Jésus Christ. Bouddha lui-même avait fait de ces notions son propre axiome philosophique en énonçant que « tous les corps composés sont condamnés à disparaître » ou plus exactement « Sabbe sankhâra anicca ». Kanada, un autre savant hindou, affirme vers l'an 300 avant Jésus Christ que « rien n'existe sauf l'atome et le vide ; toutes les choses ne sont que des combinaisons d'atomes et c'est la forme seule qui change ». Une telle affirmation de nos jours vaudrait très certainement pour son auteur un Prix Nobel de physique. La médecine de son côté a atteint aussi un degré scientifique considérable qui justifie très largement l'existence des 102 hôpitaux du roi Jayavarman VII.

L'Université khmère d'Angkor dispensait des études de bonne qualité. On peut en avoir pour preuves les diverses constructions datant de cette époque, qui nécessitaient très certainement de nombreux ingénieurs, architectes, sculpteurs, graveurs et autres astronomes. La littérature brahmanique hindoue abonde sur les murs des monuments, avec les scènes du mahabharata et du râmayana, et même un des passages du Traité des sciences politiques ou Arthasastra figure sous forme d'un défilé de l'armée royale à l'époque du roi Sûryavarman II, celle-ci étant effectivement une parfaite reproduction d'une armée théorique décrite par le brahmane Chanakya[90].

---

[89] Pierre Simon de Laplace, *Oeuvres complètes,* publiées sous les auspices de l'Académie des Sciences, 14 volumes, Paris 1878-1912, « *T.VI : Exposition du système du monde* », pp. 404 - 405.

[90] D'après l'Arthasastra une armée digne de ce nom doit se composer de quatre éléments : une avant-garde formée par les hommes de la forêt, un deuxième corps formé par les conscrits pour de courtes

Il est évident aussi que la présence des collèges et des universités au Pays khmer ne datait pas uniquement que du règne de Jayavarman VII. Ces établissements existaient déjà avec les monarques antérieurs au XIIè siècle et on les ignore pour la simple raison qu'on n'avait pas retrouvé leurs traces. Les ingénieurs de Jayavarman VII n'étaient sûrement pas formés par celui-ci mais par des professeurs des règnes précédents. Quoiqu'il en soit, le roi Yaçovarman Ier (889-900) par exemple n'avait rien à envier à Jayavarman VII. Il fut le fondateur de la cité d'Angkor baptisée Yaçodharapura. Il a construit son monument religieux personnel nommé Sivàloka sur le mont Yaçodharagiri ou actuel Phnom Bàkhèng d'une splendeur bien supérieure au monument Jayànta ou Bayon. Son bâray nommé Yaçotatàka ou « étang du roi Yaço » de 7,1 km de long sur 1,8 km de large, dépasse de loin celui de Jayavarman VII baptisé Jayatatàka de 3,5 km sur 900 mètres. Sous Yaçovarman Ier on comptait aussi 100 collèges pour l'enseignement primaire. On ignore l'existence d'une université sous son règne mais il est probable qu'un tel établissement a bien existé, tout comme les hôpitaux car les 102 établissements signalés sous Jayavarman VII ne furent pas tous construits par ce grand roi comme l'indique la stèle de Prah Khan Jayasri.

Les invasions musulmanes mirent un terme au développement harmonieux de l'hindouisme en Inde. A. Daniélou[91] disait : « A partir du moment où les Musulmans arrivent dans l'Inde, l'Histoire de l'Inde n'a plus grand intérêt. C'est une

---

périodes, un troisième formé par des mercenaires fournis par les vassaux et un quatrième formé par les soldats professionnels de la caste des ksatriyas.

Les guerres à cette époque se faisaient avec des éléphants d'où l'utilité des hommes de la forêt car ceux-ci savent mieux que quiconque comment ruser avec ces animaux. Les sculpteurs d'Angkor Vat représentèrent ces hommes avec des feuillages sur la tête pour dire qu'ils venaient des forêts et non pas par mépris des Siamois.

[91] Alain Daniélou, *Histoire de l'Inde,* op. cit., p. 236.

longue et monotone série de meurtres, de massacres, de spoliations, de destructions. C'est comme toujours, au nom de la « guerre sainte », de la foi, du Dieu unique dont ils se croient agents que les Barbares ont détruit les civilisations ».

Au Pays khmer, c'était aussi la guerre de religion qui mit un terme à la civilisation angkorienne. La victoire du bouddhisme du Theravada en 1336 sur les hindouistes et les bouddhistes du mahayana entraîna la destruction totale et irréversible de ces deux formes de religion et avec elles cette culture et ces universités qui furent la gloire des Khmers jusqu'au milieu du XIVè siècle.

CHAPITRE 12

LES HOPITAUX
DE JAYAVARMAN VII

I. FONDEMENTS DES HOPITAUX

Une stèle découverte au monument de Prah Khan Jayasri à Angkor par Maurice Glaize en 1939 mentionne l'existence de 102 hôpitaux au Pays khmer sous Jayavarman VII (G. Coedès)[92]. En fait les hôpitaux khmers appelés **aroggyaçàla** ou **« salles sans maladies »** étaient connus depuis bien longtemps avant cette date. Dès l'an 1880 de nombreux explorateurs dont Aymonier, Barth et Bergaigne ont trouvé des stèles faisant état d'hôpitaux notamment à Chonburi, Nom Van, Chayaphum, Ban Pkean, Tà Kè Pong au Siam actuel et Chean Chum, dans la province de Treang, située à une vingtaine de kilomètres à l'ouest de Moat Chhruk (Châu Dôc, Sud Viêtnam actuel). En

---

[92] Georges Coedès, *La stèle de Prah Khan d'Angkor*, BEFEO, 1941, Tome 41, pp. 255-302.

1902 Georges Maspéro[93] a fait aussi la découverte d'une stèle à Say Fong, au sud de Vientiane au Laos actuel. Celle-ci eut le mérite d'être en parfaite conservation, avec des inscriptions complètes d'un édit du roi Jayavarman VII concernant l'organisation d'un hôpital qui a existé à cet endroit. Depuis cette époque, on a découvert aussi à travers le Grand Pays khmer, du nord du Siam jusqu'au sud du Viêtnam actuel, plus de trente stèles identiques à celle de Say Fong, signalant à chaque fois l'emplacement d'un hôpital. Dans le site d'Angkor lui-même, il y avait quatre hôpitaux construits à l'entrée de chaque porte de la ville.

La construction des hôpitaux par Jayavarman VII était une œuvre sociale parfaitement conforme à la tradition hindouiste et bouddhiste du mahayana. En Inde, au IIIè siècle avant Jésus Christ « le roi Asoka Piyadasi créa déjà des hôpitaux, des hospices, des monastères, des couvents, et même des infirmeries pour les animaux malades » (B. Baudouin)[94]. Au Vè siècle de l'ère chrétienne, le pèlerin chinois Fa-Hien qui visitait l'Inde « s'étonnait de voir, partout dans le pays, des *hôpitaux gratuits* et des institutions charitables en tous genres » (Will Durant)[95]. Il est à remarquer que le premier hôpital en France fut « l'Hôtel-Dieu » de Paris, créé seulement au VIIè siècle de l'ère chrétienne, en l'an 651. Situé non loin de la cathédrale, il fut placé aussi sous l'autorité directe de l'évêque.

On sait que selon la conception brahmanique, un âsrama est un ensemble comprenant : une résidence ou lieu de méditation des brahmanes, un collège d'enseignement et un gîte d'étapes pour les voyageurs appelés « maisons avec du feu ». Le roi Jayavarman VII était bouddhiste du mahayana. Ses hôpitaux

---

[93] Georges Maspéro, *Say-Fong : une ville morte*, BEFEO. 1903., Vol. III, Tome 1, pp. 1-17.

[94] Bernard Baudouin, *Le Bouddhisme*. Ed. De Vecchi, Paris, 1995, pp. 106-107.

[95] Will Durant, *Histoire de la Civilisation : Notre héritage oriental*, op. cit., p. 228.

faisaient aussi partie d'un ensemble comprenant : une résidence des bonzes ou vihâra que l'on désigne aujourd'hui sous le nom de monastère ou pagode, un hôpital et enfin un gîte d'étapes appelé **dharmaçàlà**. Le supérieur ou adhyàpaka de cette pagode avait un certain pouvoir puisque c'était lui qui nommait les deux officiants ou yàjaka et l'astrologue attachés à l'hôpital (stèle de Prah Khan, st. XXXVIII).

Les hôpitaux de Jayavarman VII étaient évidemment placés sous la protection de Bouddha, mais le Bouddha ici est un bouddha du bouddhisme mahayana et non pas Bouddha Sakya Muni vénéré par les bouddhistes du hinayana. Il a pour nom Bhaiyashajyaguru Vaiduryaprâbharâja[96] qui signifie le « Maître des remèdes à éclat du béryl ». Il était réputé en effet que chacun pourra se guérir de tous les maux, de toutes les maladies et de toutes les misères rien que par son nom à peine entendu (stèle de Say Fong, st. II). Les hôpitaux étant aussi des endroits où l'on apporte des remèdes aux malades, il est tout à fait naturel et logique que Jayavarman VII les place ainsi et de manière symbolique sous la protection de ce puissant Bouddha guérisseur.

Tous les hôpitaux furent construits selon un modèle unique. Ils ont les mêmes dimensions et le même plan. Chacun est entouré d'un mur de latérite. L'entrée, constituée par un pavillon cruciforme en grès ou en latérite appelé gopura, se trouve du côté est. Au centre il existe une chapelle avec un avant corps s'ouvrant aussi du même côté. Elle abrite le bouddha maître des remèdes Bhaiyashaijyaguru entouré de deux bodhisattvas qui sont aussi des saints guérisseurs :

---

[96] Dans le bouddhisme tantrique du Tibet ce bouddha est le troisième bouddha d'une série dont Sakya Muni est le quatrième. Le futur bouddha nommé **Maitreya** sera le cinquième. Le fait que Jayavarman VII ait placé les hôpitaux sous la protection de Bhaiyashaiyaguru ne veut pas dire que son bouddhisme mahayana fut de forme tantrique. Son Dieu personnel s'appelait en effet **Lokesvara Jayavarmeçvara** installé au centre de Prah Khan Jayasri, sa première ville-capitale.

Suryavairocanacandrarocis et Candravairocanarohiniça aux noms évoquant le soleil et la lune (sûrya = soleil et candra = lune). Au sud-est de la chapelle, il y a un édicule annexe s'ouvrant à l'ouest et qui était une bibliothèque. La stèle de fondation fut placée devant la chapelle. Les bâtiments pour les malades ainsi que les logements pour le personnel devaient être en bois car on n'en voit pas la trace actuellement. Il y avait aussi une piscine à l'extérieur de l'hôpital avec des escaliers d'accès en pierre placés aux deux extrémités.

Les inscriptions sur les stèles des hôpitaux commencent toujours par un hommage à Bouddha puis une invocation à Bhaiyashaiyaguru et les deux bodhisattvas, saints guérisseurs. Vient ensuite un éloge au roi Jayavarman VII où il était dit en particulier qu'« *il souffrait des maladies de ses sujets plus que des siennes car c'est la douleur publique qui fait la douleur des rois et non pas leur propre douleur* » (SF. stance XIII). La troisième partie contient le dispositif fixant l'organisation de l'hôpital. Les inscriptions se terminent par des clauses finales où le roi exprimait les souhaits de voir perpétuer son œuvre par ses successeurs avec ces paroles : « La bonne œuvre que j'ai faite, charitables rois du Kampuchéa, vous devez la préserver car elle est vôtre aussi. Puissent les rois du Kampuchéa qui protégeront ma fondation, atteindre avec leur lignée - leurs femmes - leurs amis et leurs mandarins, le séjour de la délivrance où il n'y a plus de maladie ! » Cette partie n'était qu'une tradition bien ancienne déjà utilisée par le roi hindou Asoka Piyadasi. Dans l'édit du rocher n° IV de ce roi louant la loi de la piété, on peut lire effectivement ceci : « Les fils, les petits-fils et les arrière-petits-fils de Sa Gracieuse et Sacrée Majesté le Roi s'efforceront de la faire observer toujours davantage jusqu'à la consommation des siècles » (Will Durant).

II . ORGANISATION DES HOPITAUX

L'organisation des hôpitaux de Jayavarman VII était fixée par l'édit royal gravé sur les stèles placées devant chaque hôpital. On apprend ainsi que celui-ci était dirigé par deux médecins avec au service de chacun d'eux un homme et deux femmes. Quatorze infirmiers et six infirmières étaient chargés de préparer les médicaments. Deux magasiniers étaient chargés de la distribution des remèdes et du nettoyage de la chapelle. Deux serviteurs spéciaux étaient chargés de préparer l'offrande à Bouddha. Il y avait ensuite deux cuisiniers et deux pileuses de riz. Au total il y avait 36 personnes (l'édit n'avait compté que 32 ?). En tout cas tout ce personnel avait droit au logement. A ce nombre, il faut ajouter ceux qui « se logent à leurs frais » aux fonctions non définies et on arrive à un nombre total de quatre-vingt-dix-huit personnes (SF.st XXVI). Sont mentionnés aussi à part deux officiants et un astrologue, qui étaient des religieux nommés par le supérieur de la pagode.

Pour le fonctionnement de l'hôpital, l'édit royal prévoyait des fournitures très précises. Ainsi il était prescrit chaque jour un boisseau de riz pour les offrandes aux Bouddhas. Les reliefs des offrandes ou **prasada**[97] seront distribués aux malades, ce qui constitue d'ailleurs pour ceux-ci des faveurs suprêmes. L'hôpital lui-même recevait trois fois par an, des magasins royaux, des denrées les plus diverses qui vont des vêtements aux produits médicinaux et alimentaires en quantité bien précise. La liste comprenait entre autres du miel, du sucre, du beurre fondu, des sésames, du poivre, du cumin, du gingembre, de la muscade, du curcuma et des graines de moutarde.. Les produits médicinaux comprenaient le camphre, l'aneth, la cardamome, la térébenthine, le santal, etc. Les malades recevaient aussi des vêtements et autres accessoires ainsi que des cierges.

Tous les hôpitaux du royaume étaient dirigés depuis Angkor exactement comme l'administration des 121 collèges du pays. L'administration centrale des hôpitaux avait son siège au centre de Prah Prùm ou actuel Tà Prohm. Une stèle de ce centre (G.

---

[97] Aujourd'hui encore et pendant les jours de fêtes bouddhiques à la pagode, les Khmers mangent les restes des repas offerts aux bonzes.

Coedès)[98] mentionne ainsi la consommation annuelle des hôpitaux (Tà Prohm. St. CXVII à CXI) qui s'élevait alors à : 117.200 khàrikà de riz soit 11.192 tonnes, 2.124 kilogrammes de sésames, 105 kilogrammes de cardamomes, 3.402 muscades, 48.000 boites de fébrifuges, 1.900 boîtes d'onguent contre les hémorroïdes, deux sortes de camphre, du sucre, du vétiver, des moutardes, oseille et autres huiles, etc.... Les vêtements pour les dieux s'élevaient à 1.600 pièces. Toutes ces dépenses étaient assurées selon la tradition hindouiste par l'affectation des revenus de 838 villages ou grâma, octroyés par le roi aussi bien que par des particuliers, utilisant eux-mêmes 81.640 hommes et femmes.

Il était prescrit aussi dans la stèle des hôpitaux que *les hommes des quatre castes pouvaient s'y faire soigner gratuitement,* tradition que l'on a déjà vue depuis l'époque du roi Asoka au IIIè siècle avant Jésus Christ. Concernant le personnel hospitalier, du plus petit au plus grand, et du fait de leur travail considéré comme des actes méritoires, il était dispensé totalement des impôts et autres corvées royales. De plus ils ne seront pas poursuivis s'ils venaient à commettre des délits même répétés à l'exception d'un seul cas, à savoir le fait de causer des souffrances aux êtres vivants (stance XLV) où ils seront punis avec la plus grande sévérité.

III . LA MEDECINE SOUS JAYAVARMAN VII

On connaît bien l'organisation des hôpitaux du roi Jayavarman VII mais *que sait-on de la nature exacte de la médecine khmère de cette époque ?* De nombreux auteurs s'efforcèrent d'en découvrir le secret en essayant de chercher dans les profondeurs des mémoires des anciens Khmers. Sans être négligeables, les recettes médicales trouvées ne sont néanmoins que d'ordre empirique et n'ont rien à voir avec une

---

[98] Georges Coedès, *La stèle de Ta Prohm*, BEFEO. Tome 6, 1906, pp. 80-81.

médecine plus rationnelle de l'époque d'Angkor. Il faut dire que les Khmers actuels n'ont aucun souvenir de ce qui se passait à cette époque d'Angkor, car les bouddhistes du Theravada qui avaient éliminé du pays khmer le brahmanisme et le bouddhisme du mahayana au XIVè siècle ont effacé de leur mémoire tout ce qui touche de près ou de loin à ces deux religions[99]. E. Aymonier[100] écrivait que la stèle des hôpitaux qu'il avait découverte à Vat Loeu dans le district de Chean Chum à proximité de Moat Chhruk ou Châu Dôc (Sud-Viêtnam) a été réduite quelques jours après en petits morceaux par un bonze fou. Disons que ce bonze était plutôt enragé à la vue de cette stèle d'origine bouddhique du mahayana, celui-ci étant l'ennemi des bouddhistes du Theravada dont faisait partie ce bonze et cela depuis la scission au concile de Pataliputra en l'an 245 avant Jésus Christ.

Plus récemment en 2006 Chhem Kieth Rethy[101] dans une longue communication de 21 pages à l'Académie des Inscriptions et Belles Lettres de Paris intitulée « La médecine angkorienne sous Jayavarman VII » mais qui en fait n'avait consacré qu'à peine 7 lignes à cette médecine, écrivait : *« On ne connaît rien, ni des théories ni des pratiques médicales en dehors de l'utilisation des plantes. Le contenu de l'enseignement médical comprenait l'apprentissage de la materia medica, l'alchimie médicale et l'examen des pouls. Cette alchimie, censée produire l'élixir d'immortalité, était bien pratiquée dans les hôpitaux de Jayavarman VII »*.

On se demande comment un programme d'enseignement aussi sommaire évoqué par cet auteur pouvait-il justifier l'existence d'une faculté de médecine à Prah Prùm ou Tà

---

[99] Cf. le chapitre 17 : « *La révolution bouddhique khmère de 1336* ».

[100] Etienne Aymonier, *Le Cambodge*, Ed. Leroux, Paris, 1904, 3 vol., Tome 1., p. 162.

[101] Chhem Kieth Rethy, *La médecine angkorienne sous Jayavarman VII*, CR. des Séances de l'Académie des Inscriptions et Belles Lettres, 2006, Vol. 150, pp. 1977-1998, N° 4, p. 1985.

Prohm ? Comment un degré de connaissance médicale si faible pouvait justifier l'existence des 102 hôpitaux qui ont duré des dizaines et des dizaines d'années sinon des siècles ? L'auteur disait « on ne connaît rien ! ». On peut croire que lui-même ne connaît rien non plus, mais une telle ignorance n'est certainement pas du côté des Khmers de l'époque du roi Jayavarman VII.

Une des plus grandes erreurs de notre auteur est de croire que l'ambroisie et l'examen des pouls constituaient une part importante, sinon l'essentiel de la médecine de Jayavarman VII. Ce ne sont là que des pratiques des bouddhistes tantriques du Tibet et d'ailleurs. Une autre erreur aussi est d'imaginer que le roi Jayavarman VII passait sa vie à combattre le brahmanisme. Le bouddhisme mahayana hindou et khmer avait gardé par devers lui toute la culture du système brahmanique et coexistait parfaitement avec cette dernière religion. Dans les monuments de Jayavarman VII, il y avait toujours la présence des divinités brahmaniques. L'université bouddhique mahayana de Nalanda enseignait les mêmes connaissances et dans la même langue sanscrite que les universités hindouistes en Inde de cette époque. Jayavarman VII lui-même avait reçu une éducation purement brahmanique. Ne s'est-il pas comparé à Panini le célèbre grammairien sanscrit du brahmanisme ? Tous les rois khmers bouddhistes du mahayana à Angkor, dont Sûryavarman Ier par exemple, avaient reçu la même éducation.

Il faut comprendre que la médecine khmère à Angkor était dans son ensemble une simple copie de la médecine hindoue, tout comme l'université khmère qui était à l'image des universités hindoues de Taxila, de Kanauj ou de Ujain. Le Pays khmer était un pays hindouisé. *Et que sait-on de la médecine hindoue de cette époque ?* La tradition médicale hindoue remonte en fait à des temps très lointains. Son importance était bien comprise car même dans l'enseignement du premier cycle pour les adolescents, il existait toujours une matière concernant la médecine. Le plus ancien traité de médecine hindoue est l'**Artharvaveda** contenu lui-même dans le **Veda**, la Bible du brahmanisme. Au milieu des formules et des incantations magiques, il existe une énumération des maladies et de leurs symptômes. L'Artharvaveda contient aussi l'**Ajurveda** ou « Sciences de la longévité ». Le **Rig-Veda** lui-même, qui est une composante majeure du Veda, énumère plus de mille plantes médicinales. Nombre de méthodes de diagnostic et de remèdes de cette époque sont encore utilisées aujourd'hui en Inde avec des succès plutôt surprenants.

Sans remonter jusqu'à l'âge védique, d'après W. Durant[102], les grands noms de la médecine hindoue sont ceux de **Sushruta** au Vè siècle avant l'ère chrétienne et de **Charaka** au IIè siècle après Jésus Christ. Le premier, professeur de médecine à l'Université de Bénarès, écrivit en sanscrit un livre qui traite de la chirurgie, de l'obstétrique, des drogues et des nombreuses opérations chirurgicales notamment : la cataracte, la hernie, la césarienne, etc… et décrivit 121 instruments de chirurgie dont les lancettes, sondes, forceps, cathéters, spéculums rectaux et vaginaux, etc. Il fut le premier à greffer sur une oreille déchirée un morceau de peau pris sur une autre partie du corps et aussi le premier à pratiquer la rhinoplastie. Pour déceler les **1120 maladies connues** à son époque, Sushruta recommande le diagnostic par l'inspection, la palpation et l'auscultation. Ces trois méthodes se trouvent aujourd'hui à la base des études médicales dans toutes les facultés de médecine occidentale. La troisième méthode ou l'auscultation fut redécouverte vingt trois siècles plus tard en France en 1819, contribuant à la gloire de son auteur le savant médecin Laënnec, dont un hôpital de Paris porte encore le nom. Charaka, quant à lui, a composé un Traité de médecine célèbre connu sous le nom de Samhita Charaka (samhita = traité) qui est encore en usage en Inde. Sushruta et Charaka font l'un et l'autre mention de certaines substances qui produisent l'insensibilité à la douleur, produits précurseurs sans

---

[102] Will Durant, *Histoire de la Civilisation* : *Notre héritage oriental*, op. cit., pp. 348-349.

aucun doute des anesthésiques locaux et généraux de nos temps modernes.

On raconte que le grand calife des mille et une nuit Harun-al-Rashid (766-809) au IXè siècle, reconnaissant la science et la médecine hindoue, avait fait venir des médecins de l'Inde pour organiser à Bagdad des hôpitaux et des écoles de médecine. C'était cette médecine là aussi qui était en vigueur à Angkor au temps de Jayavarman VII, et même très certainement bien avant, puisque le roi Rudravarman lui-même au VIè siècle avait déjà à son service deux médecins personnels d'après la stèle de Vat Kdei. **Les Khmers connaissaient bien cette médecine hindoue car ils ont appris le même Veda que les Hindous**. Il y eut ensuite un courant continu de brahmanes hindous qui étaient venus de l'Inde vers le Pays khmer. Certains sont devenus même de hauts dignitaires du royaume. Enfin, la stance XLIV de la stèle des hôpitaux de Say Fong indique que tout le personnel hospitalier du pays relevait directement du premier mantrin du royaume, autrement dit du Preah guru ou râjaguru ou Saint maître du roi. Ce qui est remarquable c'est qu'à l'époque de Jayavarman VII, ce râjaguru du nom de Hrishikeçà (H = Siva, rishi = ascète, keçà = tête ; traduction = l'ascète qui a la tête de Siva) était un brahmane hindou qui n'était venu des bords de la Yamuna, un affluent du Gange, à Angkor qu'à une date récente. Très cultivé comme tous les grands brahmanes de son temps, il n'ignorait sûrement pas les toutes dernières connaissances médicales de l'Inde. Il a très certainement contribué à l'actualisation et au progrès de la médecine khmère de cette époque conformément à la pure culture hindouiste.

Comme pour les universités, la victoire des bouddhistes du Theravada sur les brahmanistes et les bouddhistes du mahayana, après une longue période de guerre de religion, entraîna la destruction totale de tous les hôpitaux au Pays khmer. Cela s'était passé en l'an 1336. Depuis cette date, les Khmers durent attendre, en matière d'hôpitaux, plus de six nouveaux siècles pour en avoir un autre !

CHAPITRE 13

LA STELE DE SAY FONG

Say Fong est un site situé à peu de distance et au sud de Vientiane au Laos actuel, à l'endroit où le Mékong fait une boucle en remontant légèrement vers la gauche avant de descendre vers le sud. L'endroit n'était pas une « brousse déserte » comme écrivait Louis Finot en 1903 à l'introduction de son article sur « L'inscription sanscrite de Say Fong »[103]. C'était une très grande ville khmère, capitale probable d'un royaume vassal des souverains d'Angkor et qui était abandonnée depuis le XIVè siècle. C'était à cet endroit que G. Maspéro avait découvert en Mars 1902 la fameuse stèle dite « stèle de Say Fong ». Non sans une certaine poésie, Georges Maspéro[104] décrivit Say Fong de la manière suivante : « *Venant*

---

[103] Louis Finot, *L'inscription sanscrite de Say Fong*, BEFEO. Tome 3. 1903., pp 18-33.

[104] Georges Maspéro, *Say Fong, une ville morte*, BEFEO. 1903, vol 3., N° 3. pp. 1-17.

de Vientiane et quittant les sentiers battus, le voyageur pénètre dans la forêt et il se heurte à chaque pas à de nouvelles ruines ; le sol est jonché de briques ; partout des pagodes aux toitures écroulées, des chedi (stupa) éventrés que des arbres énormes enserrent de leurs racines, de larges chaussées pavées, des bibliothèques à clochetons multiples et enfoncées jusqu'au cou, des centaines de statues de Buddha, en bronze, en bois, en pierre, en brique, de toutes tailles, assises, debout, couchées ; tout cela caché sous la forêt épaisse, qui a poussé drue et vivace, soutenant parfois un mur branlant, un chedi chancelant, défendant l'approche de ces ruines par des brousses épineuses, ses lianes aux mille bras, ces rotins hérissés. Puis, des remparts solidement bastionnés, un large fossé d'une vingtaine de mètres, baignant leur pied des rizières ; et la forêt recommence avec les mêmes ruines, les mêmes statues couvertes d'inscriptions, les mêmes chaussées défoncées, des kilomètres durant .... ».

Et c'était là que G. Maspéro avait découvert sa stèle aux trois quarts enfouie sous terre. La stèle de Say Fong, dite aussi « *stèle des hôpitaux* », mesure 0,50 mètre de haut et 0,20 mètre de large. Elle porte sur ses quatre faces les inscriptions d'un édit de Jayavarman VII fixant l'organisation et le fonctionnement des hôpitaux de son royaume. Ce n'était pas la première fois qu'on avait découvert des stèles de ce genre. D'ailleurs il en existe en tout 102 puisque les hôpitaux de Jayavarman VII étaient au nombre de 102 selon les inscriptions d'une stèle de Prah Khan Jayasri et que toutes les stèles étaient identiques. Toutefois, les stèles trouvées étaient toutes en très mauvais état de conservation. Seule la stèle de Say Fong était restée intacte permettant, par là même, la connaissance parfaite de l'édit royal du XIIè siècle.

Pièce unique, témoin d'une grande culture d'un passé glorieux et d'une grande méticulosité dans les organisations sociales, la stèle de Say Fong mérite très largement d'être conservée au patrimoine culturel national des Khmers. Ceux-ci ont entendu parler d'elle mais bien peu nombreux sont ceux qui ont lu en entier ce fameux édit du grand roi Jayavarman VII appelé à l'époque **Sri Jayavarmadeva**. Ce sont là aussi les raisons de la reproduction suivante du célèbre édit, texte en français traduit du sanscrit par Louis Finot en 1903.

Une Stèle sous Jayavarman VII

TEXTE

I. Hommage à Bouddha, qui a les formes de la matière, de la nature et de l'esprit, qui dépasse la dualité de l'être et du non-être, qui personnifie la non dualité, étant toutefois impersonnel,

II. Je m'incline devant le Jina Bhaiyashaiyaguru Vaidùrya-prabharâja qui donne la paix et la santé à ceux qui entendent seulement son nom.

III. Sri Sûryavairocanacandarocis, Sri Candravairocanarohiniçà qui tous deux écartent les créatures des ténèbres de la maladie, reconnaissent la supériorité de ce Méru des saints.

IV. Il était un roi, Sri Jayavarmadeva fils de Sri Dharanindravarmadeva, né d'une princesse de Jayàdityapura : il acquit la royauté par l'onde unique (que verse) le ciel Veda.

V. Ses pieds étaient une couronne de lotus sur la tête de tous les princes ; il repoussait ses ennemis dans les combats ; riche en joyaux qui étaient des vertus, il prit pour femme la Terre et lui donna pour collier sa Gloire.

VI. Augmentant avec une joie constante le flot des libéralités, riche d'une prospérité favorisée d'un succès toujours renouvelé, obscurcissant par des combats d'extermination l'éclat des ennemis des dieux, il était semblable à Krsna, malgré la blancheur de son teint.

VII. Après avoir vu la capricieuse Laksmi (la Fortune) que courtisent les rois, venue d'elle-même à lui, il réjouissait le volage Kirti (la Gloire) à tous les points de l'espace : miraculeux éclat de son énergie !

VIII. Sentant à sa vue - en dépit de leurs époux vaincus par sa majesté- leur amour vaincu par sa grâce, oubliant leur chagrin, les femmes des ennemis captifs proclamaient avec intention leurs noms.

IX. Le bien, principe de la vie, s'épuise et le monde se meurt au dernier yuga ; ainsi se mourait son peuple ; mais tel Prajâpati au début des temps nouveaux, il créa une renaissance prospère, où le Taureau était complet[105].

---

[105] La décroissance du bien dans le monde pendant les quatre âges ou yuga qui composent un cycle est figurée par l'image du Taureau qui a ses quatre pieds à l'âge Krta, mais qui n'en a plus que trois pendant l'âge Tretà, deux pendant l'âge Dvàpara et un seul pendant

X. Voyant que la Terre, dont la sagesse avait fait le Ciel, était opprimée par la mort, il indiqua l'ambroisie des remèdes pour l'immortalité des mortels.

XI. Faisant par son adresse de l'âge Kâli en l'âge Krta, il rendit l'intégrité de ses membres au Taureau, dont les médecins du royaume n'eussent pu guérir les pieds mutilés par trois yuga.

XII. Victorieux du Taureau des autres rois, allant à sa fantaisie dans le parc de l'univers, le Taureau qu'il a rendu fort, prospère et pousse de profonds mugissements.

XIII. Il souffrait des maladies de ses sujets plus que des siennes ; car c'est la douleur publique qui fait la douleur des rois et non leur propre douleur.

XIV. Par des guerriers (des médecins) versés dans la science des armes (la médecine) il détruisait les ennemis qui infestaient son royaume (les maladies) au moyen de ces armes : les remèdes.

XV. Excusant entièrement les fautes de tous par la faute du temps, il effaçait les fautes des maladies.

XVI. Il érigea le Sugata (Bouddha) Bhaiyashaiya avec un hôpital à l'entour et les deux fils du Jina (les deux saints guérisseurs), pour le soulagement perpétuel des maladies de ses sujets.

XVII. Il établit ici cet hôpital avec un temple du Sugata et un Sugata Baiyashaiya par le cœur la lune, de son corps le ciel.

XVIII. Il érigea de même ici ces deux guérisseurs des malades les vénérables Sûrya et Candravairocana, etc....fils du Jina.

XIX. Les quatre castes peuvent être soignées ici. Il y a deux médecins, avec pour le service chacun d'eux, un homme et deux femmes, ayant droit au logement.

---

l'âge actuel ou Kâli yuga. Le roi est loué ici d'avoir rendu au Taureau ses quatre pieds, ou ce qui revient au même, d'avoir changé l'âge Kâli en Krta c'est-à-dire d'avoir ramené l'âge d'or sur la Terre.

XX. Deux magasiniers chargés de la distribution des remèdes, recevant les mesures de riz et préposés à ceux qui y participent.

XXI. Deux cuisiniers ayant droit au combustible et à l'eau chargés aussi d'enlever les fleurs et nettoyer le gazon et le temple.

XXII. Deux yajnahàrin (aides pour l'office religieux) chargés de préparer les feuilles, de donner les feuilles et les baguettes (en offrandes ?), ayant droit aux remèdes et au combustible.

XXIII. Quatorze infirmiers chargés d'administrer des remèdes.

XXIV. De ceux-ci, un homme .....

XXV. Deux pileuses de riz ; au total huit femmes ayant droit au logement à raison de deux par logis.

XXVI. Le nombre total des assistants est donc de trente-deux (?) et en y ajoutant ceux qui se logent à leurs frais, de quatre-vingt-dix-huit.

XXVII. Le riz faisant partie de l'offrande aux divinités est fixé à un boisseau par jour ; les reliefs des offrandes seront donnés quotidiennement aux malades.

XXVIII. Trois fois par an : le jour de la pleine lune de caitra, le jour de l'anniversaire funèbre (jour de la fête des morts ou visàk pujà sans doute) et le jour du solstice d'été, ce qui suit sera pris dans les magasins royaux.

XXIX. Un vêtement tissé avec une bordure rouge et six vêtements blancs ; deux gobhiksàs, cins palas de takka et autant de krsnà[106]

XXX. Un flambeau de cire de cinq palas, un autre d'un pala ; quatre prasthas de miel et trois de sésame.

---

[106] Gobhiksà : sens inconnu, pala = poids équivalent à 2 karsas, takka = inconnu, krsnà = nom de plusieurs plantes parmi lesquelles la sinapis ramosa et la vermonin anthelmintica.

XXXI. Beurre fondu, un prastha ; médicament composé de poivre en poudre, de cumin et de Rottleria tinctoria : deux padas de chaque substance ; muscade, trois pàdas.

XXXII. Résine d'assa fortida et kotthajirna : un pala chacun ; camphre, cinq bimbas ; sucre : deux palas.

XXXIII. Animaux aquatiques appelés dandansa, cinq àkhyàtas ; térébenthine, santal, coriandre, anethum sowa : un pala de chacun.

XXXIV. Cardamome, gingembre, kakola, origan : deux palas de chacun. Pracibala, curcuma aromatica et graines de moutarde : deux prasthas.

XXXV. Une poignée et demi de casse (?) Quarante (remèdes) salutaires sont préparés. Curcuma aromatica de deux espèces : un pala et demi chacune.

XXXVI. Kandan, halày, jansyan, devadàru ...préparé. Un pala et un quart ....préparé.

XXXVII. Miel et gudda, trois kuduvas de chacun. Un prastha de sauviranira préparé.

XXXVIII. Deux officiants et un astrologue, tous trois pieux (religieux) doivent être nommés par le supérieur du monastère royal.

XXXIX. Tous les ans on fournira à chacun d'eux ce qui suit : trois manteaux de douze yugas et trois pièces d'étoffes de dix karas.[107]

XL. Quinze paires de vêtements de neuf hastas, trois vases d'étain de deux kattikas.

XLI. On doit aussi leur donner douze khàris de paddy, trois palas de cire et de takka et six palas de poivre.

XLII.. Bien que marchant en tête de la troupe des autres personnes d'élite, le roi se fait solliciteur en pensant aux

---

[107] Mesure de longueur yuga = 4 hasta ; 1 hasta = 18 pouces, 1 kara = 24 largeur de pouce. Khàri = mesure de capacité.

besoins de ses sujets ; bien plus il supplie à toujours les charitables rois du Kampuchéa.

XLIII. La bonne œuvre que j'ai faite, vous devez la préserver car elle est vôtre aussi ; le protecteur d'une œuvre pie reçoit une part éminente des fruits mérités par son auteur, disent les sages.

XLIV. Le mandarin qui occupe le premier rang dans la capitale doit être préposé ici. On ne doit pas envoyer ici de fonctionnaires pour exiger l'impôt ou d'autres prestations.

XLV. Même coupables de délits répétés, les habitants de ce lieu (hôpital) ne doivent pas être punis. Mais il faut punir sans merci ceux qui se plaisent à faire du mal aux êtres vivants.

XLVI. Plein d'une extrême sympathie pour le bien du monde, le roi en outre exprima ce vœu : Tous les êtres qui sont plongés dans l'océan des existences, puissai-je les en tirer par la vertu de cette bonne œuvre !

XLVII. Puissent les rois du Kampuchéa, attachés aux biens, qui protégeront ma fondation, atteindre avec leur lignée – leurs femmes- leurs mandarins- leurs amis- le séjour de la délivrance où il n'est plus de maladies !

XLVIII. Puissent-ils avec les femmes célestes (apsaras) qui suscitent le plaisir d'amour, qui abondent en voluptés divines, se jouer, revêtus d'un corps divin, à tous les points de l'espace, illuminant de leur éclat.......... ce mérite spirituel, qui est à moi.

(Louis Finot)

CHAPITRE 14

LES KHMERS ET LE SIAM

Les Khmers sont assurément bien sympathiques. Ils considèrent les Siamois comme des vrais cousins, sinon comme des frères. Ils imitent volontiers l'architecture siamoise pour leurs habitations, copient volontiers les modes vestimentaires de leurs voisins, s'inspirent allégrement des chansons et des musiques de ces mêmes voisins pour élaborer les leurs, etc. Il est vrai qu'entre Khmers et Siamois il existe de nombreux points communs. Physiquement les Khmers et les Siamois se ressemblent bien plus qu'avec les Viêts leurs voisins de l'Est. Khmers et Siamois ont à peu près le même langage, à peu près la même écriture, ont la même culture notamment dans le domaine de la musique traditionnelle ou le mahori, avec ses instruments à cordes et le pin-peat ou orchestres, avec les instruments à percussion. Khmers et Siamois ont surtout un bien commun suprême : la religion bouddhique hinayana ou bouddhisme du Petit Véhicule.

Il y a cependant une question qui obsède les Khmers depuis de nombreuses années : *comment se fait-il que le Siam, pays identique au Pays khmer, connaisse plutôt une paix, une prospérité, un progrès culturel et scientifique et cela depuis des siècles alors que le Pays khmer se retrouve en pleine décadence, en pleine décomposition, en pleine misère pour le peuple et en voie de disparition en tant que nation en ce début du XXIè siècle ?* A la vérité, cette question est bonne et mauvaise en même temps. Elle est bonne dans la mesure où les deux pays n'évoluent pas dans le même sens et elle est mauvaise dans la mesure où le Pays khmer et le Siam ne sont pas du tout des Etats identiques. Evidemment les mêmes causes produisent les mêmes effets et si la situation est différente entre le Pays khmer et le Siam, c'est bien qu'il existe des différences entre les deux pays. Pour bien comprendre ces différences, il est nécessaire de savoir comment est né le royaume du Siam, comment se comportaient ses souverains, et comment se formait aussi sa nation.

I . LES ROYAUMES DES SIAMOIS

1 . Royaume de Nan Zhao.

Les Siamois (les vrais) ont leur origine dans la région actuelle de Pékin, au nord du Huang Ho ou Fleuve Jaune. Ce sont les Chinois qui leur ont donné le nom de Syam (y en anglais et on prononce sai-yam) qui signifie les « bandits de la forêt ». Du nord du Huang Ho, ils émigrèrent petit à petit vers le sud du Yun Nan où ils ont fondé vers l'an **728** à l'époque de la dynastie chinoise des Tang, un royaume appelé le Nan Zhao. Ce royaume, qui a disparu d'ailleurs en **1253** suite à une invasion de Koubilaï Khan, se trouvait à la limite nord du Grand Pays khmer. D'autres Siamois s'infiltrèrent ensuite à travers cette limite et vinrent s'installer de plus en plus nombreux sur le territoire khmer. Au XIIè siècle, du temps du roi Sûryavarman II, les Khmers les connaissaient parfaitement bien puisqu'ils figurent sur une sculpture du monument Visnuloka (Angkor

Vat) où ils représentent le premier composant de l'armée khmère. Les rois d'Angkor les considéraient uniquement comme des minorités étrangères vivant sur leur territoire.

2. Le royaume de Sukhôtai.

Au début du XIIIè siècle, suite à des alliances matrimoniales avec des grandes familles khmères, certains Siamois arrivèrent à devenir des dirigeants importants dans cette partie du nord du Grand Pays khmer. En 1238, deux chefs locaux siamois Pha Muang et Bang Khlang Thao se soulevèrent et évincèrent **Sri Indraditya**, le prince khmer de Sukhôtai. Bang Khlang Thao prit la place de ce dernier et se donna le même nom royal de Sri Indraditya. Le fait de reprendre ce nom-titre, qui était conféré par le souverain d'Angkor à son vassal de Sukhôtai, indique que le Siamois Bang Khlang Thao n'avait à ce moment aucune intention de créer un nouveau royaume indépendant du Grand Pays khmer et qu'il acceptait bien implicitement l'autorité du roi d'Angkor.

Bang Khlang Thao se donna titre de roi, donc indépendant du roi d'Angkor, en 1242 et mourut en 1270. Son premier fils Ban Muang lui succéda très brièvement de 1270 à 1279. En 1279 son deuxième fils monta sur le trône sous le nom de Râma Kamhèng (1279-1298). Celui-ci a laissé en **1290** à **Sukhôtai** une stèle célèbre décrivant de manière plus ou moins idyllique divers aspects de son royaume. Cette stèle est considérée depuis cette époque par les Siamois comme « l'acte fondateur de leur nation ».

Râma Kamhèng fut effectivement le « père spirituel » de cette nouvelle nation siamoise. Lorsqu'ils descendaient du Yun Nan vers le sud, certains Siamois suivaient le cours du Fleuve Rouge vers l'est. Ceux-là ont été sinisés et devinrent alors dans le nord du Viêtnam les minorités actuelles des Thô, Kha, Nùng, etc. D'autres descendaient vers le sud sur les terres khmères. Ils ont été indianisés comme les Khmers et ont donné naissance à des Thais, Lao, Shans, etc. Dans cette multitude, le roi Râma

Kamhèng a créé une « nouvelle nation » par l'introduction pour son peuple d'une toute nouvelle culture inspirée directement des Khmers d'Angkor. *La langue siamoise, l'écriture siamoise, les chiffres siamois, la musique siamoise, les danses siamoises, l'art siamois sont tous inspirés du khmer.* Cette nouvelle culture est en fait très exactement une culture « **khmèro-siamoise** ».

Les Siamois de Sukhôtai avaient comme religion le bouddhisme hinayana ou theravada qu'ils avaient pris chez leurs voisins les Môns de Haripunjaya dont la capitale était Lamphun. En 1298 disparut Râma Kamhèng. Ses fils, très pieux et fervents bouddhistes, s'intéressaient plus à la religion qu'aux affaires du royaume. Ils se donnèrent tous le titre de « dhâmaraja » qui veut dire le roi de la Loi, sous-entendue la loi bouddhique évidemment. Lô Thai régnait de 1298 à 1347 puis Lü Thai de 1347 à 1361 année où il quitta le trône pour devenir bonze. Mais le royaume siamois de Sukhôtai était devenu déjà, depuis de nombreuses années, une simple principauté régionale vassale du prince de U Thong, le futur Râma Thibodi.

3 . Le royaume d'Ayutthya.

U Thong était une principauté khmère du centre du Siam, située à peu de distance et à l'ouest d'Ayutthya. Dans la première moitié du 14è siècle, pendant que le royaume de Sukhôtai se désintégrait, le prince de U Thong ne cessait de monter en puissance. Il occupait soit par la force, soit surtout par suzeraineté tout l'espace laissé par le royaume de Sukhôtai. En **1350**, ses conquêtes intérieures pratiquement terminées, il quitta U Thong pour venir s'installer à Ayutthya où il se fit couronner roi sous le nom de **Râma Thibodi.** Ainsi est né le **« royaume d'Ayutthya »** qui n'a strictement rien à voir avec le royaume des Siamois de Sukhôtai. Ce royaume d'Ayutthya sera connu des Français au XVIIè siècle sous le nom de royaume du Siam. Il était de type féodal comme le royaume khmer, et couvrait à l'époque de Râma Thibodi une très grande partie du

Siam actuel[108] en particulier toute la vallée du Ménam, de la région de Chiang Mai jusqu'à la frontière de la Malaisie actuelle avec la principauté de Nakhon Si Thammarat.

Si Râma Kamhèng était le fondateur de la nation siamoise, Râma Thibodi était bien le fondateur du « **royaume du Siam** ». L'année **1350** est l'année de naissance de ce royaume qui perdure jusqu'à nos jours. Son expansion se faisait aux dépens uniquement du Grand Pays khmer puisque toutes ces terres étaient khmères et gouvernées par des rois khmers vassaux (sdach tranh) du souverain d'Angkor. L'expansion du royaume d'Ayutthya « se fit avec la bénédiction de la Chine qui, fidèle à sa traditionnelle politique de morcellement, voyait d'un très bon œil l'émergence d'un contre-pouvoir à la domination khmère dans la péninsule » (Xavier Galland)[109]. On peut même dire que c'est la Chine qui suscitait la naissance de ce royaume siamois car la puissance de Jayavarman VII était bien remarquée par les Chinois qui cherchaient alors à réduire le Pays khmer. Déjà en 1283, Kubilaï Khan avait donné l'ordre d'attaquer, mais sans succès, le royaume khmer avec un détachement de l'armée commandée par le général Sögatu qui venait d'envahir le Champà.

Cette expansion siamoise était d'autant plus facile que pendant toute cette période il y avait une absence totale de l'autorité d'Angkor dans ces régions. En effet, il n'y avait à aucun moment de réactions khmères contre la montée en puissance d'abord de Râma Kamhèng, ensuite de Râma Thibodi. De 1243 à l'an 1295 le Pays khmer était en pleine guerre de religion entre les bouddhistes du Theravada ou hinayana et les brahmanistes de Jayavarman VIII. L'insécurité était telle que celui-ci ne quittait que rarement son palais à Angkor. « *J'ai entendu dire que sous les souverains précédents, les empreintes des roues de leur char ne dépassaient jamais le*

---

[108] La superficie du Siam est actuellement de 518 115 km^2 ; celle du Kampuchéa Krom pris par les Viêts est de 67 700 km^2.

[109] Xavier Galland, *Histoire de la Thaïlande*, PUF., Paris, 1998, p. 35.

seuil du palais et cela pour parer aux cas fortuits » écrivait en 1296 le diplomate chinois Tcheou Ta Kouan[110]. Cela n'avait pas empêché le roi Jayavarman VIII d'être obligé d'abdiquer et d'être probablement assassiné en 1295 par un général bouddhiste du Theravada, devenu roi sous le nom de Sri Indravarman. Celui-ci fut à son tour renversé et assassiné en 1307. Les deux rois khmers suivants étaient des brahmanistes çivaïtes. La guerre civile continua de plus belle et elle ne se termina qu'avec la grande Révolution bouddhique de 1336[111] pendant laquelle le roi Jayavarman IX fut assassiné, tous les varmans furent tués et tous les brahmanes éliminés. Il va sans dire que pendant toute cette longue période de troubles à Angkor les royaumes vassaux étaient délaissés. Les seigneurs vassaux, n'ayant plus de protection et ne disposant pas de propres troupes du fait de leur statut de vassal, reconnurent rapidement la suzeraineté de Râma Thibodi. En 1351, profitant de cette autodestruction générale au Pays khmer, ce même Râma Thibodi mit le siège devant Angkor qu'il enleva en **1352** suivi d'une mise à sac complète de la capitale khmère avec la déportation de 100000 habitants de cette ville pour servir comme esclaves.

II . LES SOUVERAINS SIAMOIS

Râma Thibodi (1351-1369) fut le premier vrai roi du Siam. **Il est lui-même khmer** ou khmer môn comme disait Xavier Galland[112], ce qui est tout à fait la même chose. En tout cas il n'est pas Siamois du tout, et les infiltrations siamoises sur le nord du Grand royaume khmer à cette époque ne dépassaient pas encore la latitude de Sukhôtai. Son père était « prince de U

---

[110] Tcheou Ta Kouan, *Mémoires sur les coutumes du Cambodge*, Librairie d'Amérique et d'Orient, Adrien Maisonneuve, Paris, 1997 (1ère éd. 1951), p. 34.

[111] Lire le chapitre, *La révolution khmère de 1336*.

[112] Xavier Galland, *Histoire de la Thaïlande*, op. cit., p. 40.

Thong », un de ces rois khmers vassaux du souverain d'Angkor comme des dizaines d'autres dans ce territoire qui est devenu le Siam d'aujourd'hui. La guerre de religion de 1243 à 1336 entre les Khmers brahmanistes et bouddhistes du mahayana d'une part et les Khmers bouddhistes du Theravada d'autre part, obligeait le souverain d'Angkor à délaisser complètement ses protégés et le « royaume » vassal khmer de U Thong a dû faire d'abord acte d'allégeance au roi siamois Râma Kamhèng pendant cette deuxième moitié du 13è siècle.

Le Siam actuel ou Thaïlande

Râma Thibodi, une fois libéré de la domination de Sukhôtai et bien que Khmer lui-même, prenait à son compte cette

nouvelle culture «khmèro- siamoise » de Râma Kamhèng. Il avait pour cela des raisons multiples :
1. sa principauté de U Thong a été un fief vassal de Râma Kamhèng et il était déjà acquis à cette culture.
2. en se plaçant comme successeur de Râma Kamhèng, il devint d'emblée suzerain de tous les anciens « royaumes » vassaux de Sukhôtai.
3. en créant à Ayutthya un nouveau royaume distinct du Grand Pays khmer d'Angkor, il obtint un soutien total de la Chine dont l'objectif à cette époque était de détruire le royaume khmer.

Il y a cependant une différence fondamentale entre Râma Thibodi et Râma Kamhèng. Si ce dernier était bouddhiste comme son peuple, **Râma Thibodi était strictement un roi brahmanique à la manière des rois d'Angkor**. Il conservait pour la monarchie siamoise le brahmanisme, sans toutefois le proclamer comme religion d'Etat, mais aussi sans complexe. Xavier Galand disait : « Au travers des Khmers et des Môns, c'est à la civilisation indienne qu'ils vont maintenant puiser, recevant des premiers leur organisation politique et administrative, la pratique du culte royal, leur écriture et leur sensibilité artistique et des seconds leur sens du droit ». Le roi Râma Thibodi se proclama effectivement le Devarâja et se donna le titre de Chakravatin ou « roi de l'Univers » comme les souverains d'Angkor. Dans la capitale Ayutthaya, écrivait Michel Jacq-Helgoualc'h[113], « les rites royaux brahmaniques n'ont jamais cessé d'être assurés auprès des souverains par un groupe de brahmanes attachés à la cour. Dotés d'un sanctuaire dédié à la Trimûrti (Brahmâ, Visnu et Siva), ceux-ci vivaient comme des brahmanes indiens, veillaient au bon déroulement des cérémonies royales durant lesquelles ils occupaient un rang au moins égal à celui des bonzes... ».

---

[113] Michel Jacq-Hergoualc'h, *Le Siam*, Ed. Les Belles Lettres, Paris, 2004, p. 137.

Pour autant Râma Thibodi n'a pas rejeté le bouddhisme theravada de Râma Kamhèng. Au contraire, il se comportait aussi aux yeux de son peuple comme un bon bouddhiste, en contribuant à la construction des pagodes et en célébrant notamment les fêtes de kathina, celles-ci ayant surtout pour but d'apporter, entre autres choses, des robes aux bonzes à la sortie de leur retraite pendant la saison des pluies.

Le bouddhisme reste toutefois et avant tout la « religion du peuple ». Les souverains siamois depuis Râma Thibodi se considèrent eux-mêmes comme des dieux vivants et le peuple y compris les bonzes leur doit en toutes circonstances une vénération à l'égal de Bouddha. Vis-à-vis des bonzes dont le nombre constitue à lui seul une force, ces souverains ne cessent d'avoir une certaine méfiance et n'hésitent pas à prendre des mesures pour limiter leur pouvoir. Ainsi au début, tout principe religieux bouddhique ne serait valable que s'il émane de la pagode royale, le Vat Mahathat d'Ayutthya. Sous le règne du roi Phra Narai (1656-1688), un supérieur appelé Sangharat (en khmer sanghareach que l'on prononce souvent sangreach) a été créé pour diriger chaque pagode, mais « aucun d'entre eux n'avait autorité ou juridiction sur un autre ou sur les moines étrangers à leur monastère, pas plus que sur le peuple » (M. Jacq-Helgoualc'h), manière évidente de diviser le clergé bouddhique en des centaines de centres indépendants. Le vrai chef religieux unique ou Samdech Sangharat ayant autorité sur tout le Sangha (communauté des bonzes) n'a vu le jour que sous le roi Phetracha (1688-1703). L'unité de la communauté des bonzes siamois ne dura cependant que peu de temps. Sous le règne de Râma III (1824-1851), le prince **Mongkut** le futur roi Râma IV (1854-1858), alors qu'il était bonze lui-même pour des raisons d'Etat, créa un nouvel ordre religieux appelé *l'ordre Thammayut*, sous le prétexte que le bouddhisme siamois était entaché de superstitions non bouddhiques. Le prince Mongkut devint le supérieur suprême ou Samdech Sangharat de ce nouvel ordre. Le reste de l'ancienne communauté des bonzes forma alors *l'ordre Mahanikai*. L'ordre Thammayut devint vite un ordre prépondérant. Aujourd'hui encore, bien que les bonzes de cet ordre soient parfaitement minoritaires, son influence reste toujours très grande dans le pays. Finalement la religion bouddhique est toujours sous le contrôle discret de l'autorité royale.

Les souverains siamois sont enfin des personnes généralement cultivées. Ils étaient très tôt en contact avec des étrangers. A l'époque de Phra Narai (1656-1688) au XVIIè siècle, de nombreuses nationalités étaient déjà présentes à Ayutthya : Chinois, Japonais, Anglais, Français, Portugais, Hollandais, etc. Les souverains siamois comprenaient vite l'évolution du monde et ouvraient leur pays à l'influence étrangère. Ce fut Phra Narai qui a envoyé trois ambassades en 1685, 1686 et 1687 auprès de Louis XIV (1643- 1715) à la Cour de Versailles. Ce même souverain n'hésitait pas à faire appel à des Européens pour diriger certains postes de l'Administration. Le roi Mongkut Râma IV parlait parfaitement le français, l'anglais, le latin en plus du pâli et du sanscrit. Son fils le roi Râma V Chulalongkorn (1868-1910) entreprenait des réformes dans tous les domaines de l'Etat : l'éducation, l'administration, les domaines économique et social, etc. Deux écoles spéciales, l'une en langue siamoise et l'autre en langue anglaise, ont été créées à l'intention des princes et des nobles dans l'enceinte du palais royal de Bangkok et les meilleurs d'entre eux étaient envoyés dans des universités prestigieuses en Angleterre. A côté de cela il y avait aussi la création de l'école royale d'administration, de droit et de médecine. Ce fait semble être banal ou naturel pour un responsable du pays. Il l'est moins si on sait qu'au Pays khmer à la même époque l'enseignement était encore le monopole des bonzes et il n'existait d'écoles que dans les pagodes. Le résident supérieur français, représentant de l'autorité coloniale, avait alors souhaité l'introduction de la très modeste arithmétique dans le programme de ces écoles. Il a dû pour cela s'adresser d'abord au roi Sisowath (1904-1927) qui sollicita à son tour l'accord du chef suprême des bonzes pour que ce projet puisse être réalisé.

III. LA NATION SIAMOISE

Au sujet des Siamois (les vrais) c'est-à-dire ceux qui étaient descendus du Yun Nan, Michel Jacq-Hergoualc'h[114] écrivait : « On ne peut parler à leur propos ni de race, celle-ci impliquant un phénomène d'endogamie qui ne put avoir lieu que dans un très lointain passé à jamais obscur, ni de peuple pour ces peuplades de langues austro-thaïes qui n'ont jamais cessé de lutter les unes contre les autres ». *Il n'existe pas de race siamoise ni de peuple siamois.*

Il existe par contre actuellement une « **nation siamoise** » qui est composée d'un ensemble de populations aux origines très diverses réunies uniquement par la nouvelle « culture khmèro-siamoise » créée en 1290 par Râma Kamhèng. Les principales ethnies sont les Khmers, les Chinois, les Malais, les Môns et une petite minorité de vrais Siamois. Il existe aussi par ailleurs de nombreuses autres minorités ou populations montagnardes dont certaines sont khmer-môns et d'autres tibéto-birmanes.

Les **Khmers** sont les plus nombreux. Ils étaient les premiers habitants du Pays. Ils constituent les 4/5è de la population totale estimée à 65 millions d'habitants. Ils sont devenus Siamois avec le roi Râma Thibodi, d'origine khmère lui-même, depuis l'an 1350 en adoptant la culture dite « siamoise » ce d'autant plus facilement que cette culture est très largement khmère. Les Khmers amenenés comme prisonniers de guerre et devenus esclaves adoptèrent aussi cette nouvelle culture pour pouvoir passer inaperçus dans cette nouvelle société dite « siamoise », surtout depuis l'abolition de l'esclavage décrétée par le roi Chulalongkorn ou Râma V en 1905. Actuellement ces Khmers ne se rappellent même plus de leur origine primitive.

A côté de ces Khmers devenus sans savoir des Siamois, ou Thaïs depuis que le Maréchal Phibul Sangram avait baptisé son pays de « Thaïlande » en 1939, il existe aussi une minorité de

---

[114] Michel Jacq-Hergoualc'h, *Le Siam*, op. cit., pp. 37-38.

Khmers qui ont gardé depuis toujours leur culture d'origine. Officiellement, pour les autorités de Bangkok, ils représentent 1% de la population et habitent surtout dans la région frontalière avec le royaume khmer dans le nord-est du Siam notamment à Ubon, Udon, Surin, Sisaket et aussi au sud-est à Chantabun, Trat …

Les **Chinois** constituent la deuxième communauté par l'importance de leur nombre. Ils étaient déjà nombreux à Ayutthya à l'époque de Râma Thibodi, encouragés en cela par la politique de la Chine. Ils sont arrivés ensuite par vagues d'immigration successives. Ils sont reconnaissables à leur teint clair jaunâtre et leurs yeux bridés. Ils occupent pratiquement tout le secteur économique et ne sont pas sans influence politique. Bien que de nature très conservatrice et fidèles à leur origine chinoise, ils sont obligés aussi de devenir « Siamois » surtout depuis que le roi Râma VI Vajiravuth (1910-1925) a décrété la « loi sur la famille » imposant à chacun le choix de son « nom de famille » dans une liste officielle. Cette liste a été dressée par le roi lui-même et elle contenait des centaines de noms de famille, toutes « siamoises » évidemment.

Les **« vrais » Siamois**, c'est-à-dire ceux qui étaient venus du Yun Nan, sont en fait très largement minoritaires. Ils ont fondé avec Râma Kamhèng cette nouvelle culture « khmèro-siamoise », mais depuis la disparition de ce grand roi, ils disparurent aussi de la scène politique. Même actuellement, leur présence ne se trouve que dans le nord du pays à partir de Sukhôtai, en de nombreuses communautés dispersées.

Les **Môns** sont nombreux dans le nord du pays où ils avaient eux-mêmes des royaumes indépendants. La Birmanie, pays voisin au nord-ouest, était elle-même un royaume môn du nom de Suvarna Bhumi ou le « Pays d'or » avant d'être envahie par les Tibéto-Birmans.

Les **Malais** sont nombreux dans le sud où la frontière du Siam (ancienne frontière khmère) est commune avec la Malaisie.

IV . LES KHMERS ET LE SIAM

Le Siam était jusqu'au XIVè siècle un pays khmer. La très grande majorité de sa population était d'origine khmère. On a vu que la culture dite siamoise n'est qu'une simple adaptation de la culture khmère. Entre les Khmers et les Siamois, il existe effectivement bien des points communs. Cependant il y a entre eux une différence fondamentale : c'est l'abandon du brahmanisme au profit du bouddhisme theravada pour la monarchie khmère et le maintien du brahmanisme angkorien pour la monarchie siamoise.

Au Siam le bouddhisme est seulement la « **religion du peuple** » mais non pas celle du roi. Les rois continuent à pratiquer la religion brahmanique. Ils ont tous des noms brahmaniques, généralement « Râma » qui n'est autre que le nom d'un avatar du dieu Visnu. Le roi Phra Narai signifie simplement dieu Visnu (Phra = dieu, Narai = Visnu). Le roi actuel est Râma IX Bhumibol Adulyadeh. Le roi siamois est considéré comme un Dieu vivant ou le Bouddha vivant, ce qui n'a rien de paradoxal puisque le brahmanisme considère déjà Bouddha comme un avatar du dieu Visnu. Il n'est pas classable dans la société et il se trouve en dehors de tout et au dessus de tous. Il est indépendant du clergé bouddhique et son devoir est de construire un grand pays et une puissante monarchie. C'est ce qu'on appelle *l'idéologie politico-religieuse brahmanique.*

Au Pays khmer le bouddhisme est la « **religion de l'Etat** » c'est-à-dire la religion du roi et du peuple. Un éminent savant écrivait : « Le plus puissant facteur qui minait de l'intérieur la monarchie khmère, était le bouddhisme du Petit Véhicule. La conversion à cette foi nouvelle a sapé les bases mêmes de l'idéologie sur laquelle reposait la royauté angkorienne ». Au Pays khmer, les rois sont sous la dépendance du bouddhisme. Ils abandonnent les noms brahmaniques de l'époque d'Angkor avec leur fameuse terminaison «varman ». Leur devoir est de servir la religion et d'établir partout la primauté bouddhique. *L'idéologie n'est plus politique et religieuse, elle est exclusivement religieuse.*

Cette différence explique bien l'évolution différente entre le Pays khmer et le Siam. La particularité du bouddhisme du Theravada ou Petit Véhicule est aussi sa doctrine de résignation. Les gens ne vivent pas au temps présent, qui ne reflète que leur vie antérieure avec leur propre karma contre lequel ils ne peuvent rien faire. Ils ne vivent que pour le futur, dans un espoir d'une vie meilleure ou d'arriver au Nirvâna. Et le Pays khmer prit alors le chemin de la décadence à partir de l'an 1336, date de sa grande Révolution qui vit le triomphe du bouddhisme du Theravada.

CHAPITRE 15

INDRAVARMAN II
ET LA PERTE DE SUKHOTAI

I. LE PAYS KHMER AU DEBUT DU XIIIè SIECLE

En l'an 1200, le peuple khmer franchit le seuil de ce nouveau siècle dans un climat de félicité totale. Le grand roi Jayavarman VII qui régna encore jusqu'à l'an 1221 était en pleine puissance et en pleine gloire. La paix régnait aussi bien à l'extérieur qu'à l'intérieur. Elle favorisait la prospérité qui permit au pays de se doter d'une infrastructure tout à fait honorable pour son époque avec des milliers de kilomètres de routes, des centaines de ponts et aussi des collèges, des universités, des bibliothèques, des hôpitaux, etc...

Sur le plan religieux, brahmanisme et bouddhisme du mahayana qui existaient au Pays khmer depuis plus de mille ans cohabitaient ensemble dans une parfaite harmonie. Cette cohabitation, qui n'exclut évidemment pas une certaine compétition occasionnelle pour la primauté de l'un ou de l'autre, s'explique par le fait que le brahmanisme et le bouddhisme du mahayana ont ensemble beaucoup de points communs. Ils ont tous les deux le même langage à savoir le « **sanscrit** », ce qui facilitait à n'en pas douter une certaine compréhension réciproque. Le brahmanisme admet l'existence de plusieurs dieux dont les principaux sont Brahma, Visnu et Siva. Le bouddhisme mahayana admet aussi l'existence de plusieurs bouddhas et le bouddha à venir après bouddha Sakya Muni aurait même le nom de **Maitreya**. Le brahmanisme en la personne du dieu Visnu intervient pour le salut des hommes. Le bouddhisme mahayana intervient aussi pour le salut des hommes par ses saints appelés les bodhisattvas. Pour le brahmanisme, Bouddha n'est qu'un simple avatar du dieu Visnu, dieu plein de bonté et de miséricorde. Enfin, le bouddhisme mahayana ne conteste pas le système des « castes » dans la société humaine prescrit par le Veda, système qui se trouve à la base même de l'organisation politique du pays.

II . ARRIVEE DU BOUDDHISME DU THERAVADA

Ce climat de paix, de sérénité, de félicité au Pays khmer couvait cependant un germe qui sera à l'origine du plus grand malheur pour le peuple khmer, à savoir une guerre civile, une guerre fratricide, une guerre impossible et destructrice c'est-à-dire la « **guerre de religion** ». Il s'agit de la guerre entre d'un côté les Khmers brahmanistes et bouddhistes mahayana et de l'autre côté les Khmers bouddhistes du Theravada.

Le bouddhisme theravada ou hinayana, connu aussi en Occident sous le nom de bouddhisme du « Petit Véhicule » est né en l'an 245 avant JC lors du schisme le séparant du courant appelé bouddhisme mahayana ou « Grand Véhicule » pendant le 3è concile bouddhique convoqué à Pataliputra (Patna) par l'empereur Asoka du royaume de Magadha ou actuel Bihar, situé au nord-ouest du Bengale. Il était arrivé au Pays khmer en l'an 1190. Le bouddhisme theravada s'oppose depuis son origine au bouddhisme mahayana. Il lui reproche cette croyance aux dieux multiples à la manière des brahmanistes, cette adoration des images non seulement de Bouddha Sâkya Muni mais aussi aux Bouddhas qui le précèdent dont Amitâbha (Lumière éternelle), Akshobhya (Inébranlable) et Bhaïshajya Guru (Maître des remèdes). Il refuse cette notion de « Bouddhas secourables » ou Bodhisattvas qui sont des personnes ayant déjà atteint l'Eveil mais qui retardent volontairement leur libération définitive pour aider les hommes à quitter ce « monde en flammes ». « Le bouddhisme theravada a une conception extrêmement égocentriste du salut. Il tient de façon absolue que le spirituel se sauve de soi, par soi et pour soi et Bouddha montre seulement la voie » (J. Masson)[115].

L'opposition du bouddhisme theravada au brahmanisme est encore plus ancienne puisque c'est Bouddha lui-même qui conteste l'existence des dieux, fondement même du brahmanisme. Bouddha n'a jamais prétendu être Dieu et il critique sévèrement le caractère sacré des brahmanes et le système social des castes[116], notions parfaitement « révolutionnaires » dans une société brahmanique.

Le Pays khmer en ce début du XIIIè siècle était de structure brahmanique bien qu'il fut officiellement du bouddhisme mahayana et il conservait son système de castes où chacun n'avait rien à espérer en dehors de sa situation à sa naissance puisque d'après le Veda, Dieu en a décidé ainsi. On n'est brahmane que si on est né brahmane. On est sûdra ou esclave si on est né sûdra et ses enfants seront aussi des sûdras. Avec la nouvelle doctrine introduite par Tamalinda, il n'y a plus de classes sociales. Un ksatriya ou noble et un sûdra seront strictement identiques une fois qu'ils sont devenus bonzes. C'est cela la nouvelle idée. C'est cela la nouvelle conception et cela est une conception révolutionnaire.

---

[115] Joseph Masson, *Le Bouddhisme*, Ed. Desclée de Brouwer, Paris, 1975, p. 111.

[116] Cela n'empêche pas que les bonzes sont sacralisés avec leur titre de preah ou saint et forment une caste à part dans la société.

Pendant plus de trente ans, de 1190 jusqu'à 1221, à l'ombre de la toute-puissance de son père le roi Jayavarman VII et sous son titre prestigieux de prince royal, Tamalinda a pu propager avec un grand succès la nouvelle doctrine du Theravada. Il a fait construire partout des « vihara » ou pagodes bouddhiques de la même architecture que l'on voit encore aujourd'hui et dont les toits sont couverts de tuiles, signes évidents d'une grande considération et d'une grande faveur dans le royaume khmer car « le commun du peuple ne se couvre qu'en chaume et n'oserait mettre sur sa demeure le moindre morceau de tuile » (Tcheou Ta Kouan)[117].

III . INDRAVARMAN II

En l'an 1221 disparaît le roi Jayavarman VII. Un de ses fils lui succède sous le nom de Indravarman II. Celui-ci fut aussi un roi bouddhiste du mahayana comme son père. D'ailleurs « Indra le roi des Dieux, authentique représentant du panthéon hindou, est aussi un bodhisattva c'est-à-dire une divinité du bouddhisme mahayana » (J. Varenne)[118]. C'était probablement ce prince né Srindrakumarâ qui était auparavant nommé par son père roi-vassal de la principauté de Lavodaya actuel Lopburi au centre du Siam avec le même nom princier de Indravarman. Quoiqu'il en soit Indravarman II n'avait évidemment pas le même prestige que son père. Il n'avait pas non plus la même situation dans le pays. Sur le plan intérieur, les progrès obtenus par le bouddhisme theravada de son frère devinrent un problème. Le grand nombre de Khmers, de toutes les classes sociales, convertis à cette nouvelle religion ouvrit la voie à des conflits et des désordres. La contestation de l'existence des dieux dont Brahmâ, Visnu et Siva, n'était ni plus ni moins qu'un sacrilège aux yeux des brahmanistes qui n'hésitèrent plus à contre-attaquer.

---

[117] Tcheou Ta Kouan, *Mémoires sur les coutumes du Cambodge*, op. cit, p. 13.

[118] Jean Varenne, *Le Tantrisme*, Albin Michel, Paris, 1997, p. 24.

Le roi Indravarman II protégeait-il la religion de son frère Tamalinda ? Etait-il plutôt timide dans la répression des bouddhistes du Theravada ? Toujours est-il qu'il existe des signes qui montrent ses faiblesses évidentes et qu'il finira par avoir comme successeur un roi de religion brahmanique en la personne de Jayavarman VIII et non pas un roi bouddhiste mahayana. Les signes qui trahissent la faiblesse de Indravarman II sont le retrait des troupes khmères stationnées au Champà et la sécession de la principauté de Sukhôtai.

1. Retrait des troupes du Champà

En 1177 les Chàms envahirent le Grand Pays khmer, saccagèrent Angkor et occupèrent le pays durant 5 ans. Jayavarman VII s'était juré de se venger. En 1203 il envahit à son tour le Champà en évinçant le roi chàm Vidyanândana Sûryavarmadeva. Le Champà se retrouva alors divisé en deux principautés vassales du Grand Pays khmer et dirigées l'une par un prince chàm du nom de Yuvarâja ong Dhanapâtigrâma et l'autre par un autre prince chàm aussi, du nom de Yuvarâja Angçàrâja. Apparemment il s'agissait des jeunes princes chàms puisque « yuvarâja » veut dire « roi encore jeune ou roi non encore adulte ». D'après les inscriptions chàmes de My-Son au sud de Danang traduites par Louis Finot[119], ce Yuvarâja Angçàrâja était un prince chàm élevé à la Cour d'Angkor depuis l'an 1182 sous la protection de Jayavarman VII et c'était ce grand roi qui lui avait donné le titre royal de « yuvarâja » après qu'il a pu réprimer une révolte dans la principauté khmère de Malyang ou actuel Battambang.

En 1223 le roi Indravarman II procède au retrait des troupes khmères du Champà. Le royaume chàm se retrouve ensuite unifié en 1226 avec un roi unique en la personne du prince Yuvarâja Angçàrâja, le protégé de Jayavarman VII, couronné sous le nom de Jaya Paramesvaravarman II.

---

[119] Louis Finot, *Les inscriptions de My-Son*, BEFEO. T. IV., pp. 974-975.

Sous quelles pressions Indravarman II avait-il dû procéder à ce rapatriement ? Il ne semble pas que le manque de moyens pour entretenir ces contingents de l'armée khmère à l'étranger en soit le motif principal, dans la mesure où cette armée d'occupation était par principe prise en charge par le pays occupé, c'est-à-dire le Champà, selon les traditions de cette époque[120]. Le motif principal semble être le fait que le roi Indravarman II avait besoin de ces unités supplémentaires à cause des évènements ou des troubles qui sévissaient alors à l'intérieur du pays, troubles d'origine religieuse nés du conflit entre les Khmers du brahmanisme et du bouddhisme mahayana d'une part et les Khmers du bouddhisme theravada d'autre part.

2. Sécession de Sukhôtai

Sukhôtai, de son nom d'origine Sukhodaya, n'était ni une province ni une préfecture du Maha Nokor Khmer ou Grand Pays khmer. D'après l'organisation territoriale de type féodal de cette époque, il s'agissait de la capitale d'une principauté khmère, à population khmère et vassale du roi d'Angkor. Le prince-vassal appelé « Sdach Tranh » ou « roi-vassal », du fait que les Khmers ne connaissaient ni ducs ni comtes ni barons ni autres titres de noblesse utilisés en France, étaient tous nommés par le souverain d'Angkor. A cette occasion ce prince recevait un nom royal qui le distinguait des citoyens ordinaires. Le prince vassal de Sukhôtai avait pour titre princier « **Indraditya** » venant des noms des dieux Indra et Aditi (dieu Soleil).

En ce début du XIIIè siècle, toute la région nord du Pays khmer proche de la frontière avec le Yun Nan était peuplée de nombreuses tribus siamoises plus ou moins indépendantes les unes des autres. Certains chefs locaux siamois acquirent même une certaine notoriété sinon une certaine puissance comme Pha

---

[120] En France aussi, les besoins de toute la Cour royale en déplacement, à savoir la nourriture et l'hébergement, étaient à la charge des habitants des territoires traversés.

Muang[121] par exemple qui avait comme épouse une princesse khmère du nom de Sikharamahadevi. En l'an **1338**, Pha Muang et un autre chef siamois du nom de Bang Khlang Thao déposèrent le prince-vassal de Sukhôtai. Bang Khlang Thao prit la place de ce dernier et se donna aussi le nom princier de Sri Indraditiya (Râma Kamhèng indique sur la stèle de Sukhôtai que son père a pour nom Sri Indraditya et que sa mère se nomme Nang Suöng). Le fait que les Siamois aient repris l'ancien titre de Sri Indraditya, conféré auparavant par le souverain d'Angkor au prince-vassal de Sukhôtai, indique qu'ils entendaient assurer, à ce moment-là, la continuité de l'administration de la principauté et qu'il n'y a pas de sécession. Effectivement celle-ci ne survenait que quelques années plus tard, c'est-à-dire en 1242. Il n'en reste pas moins que dans les faits, la principauté de Sukhôtai était à cette date en autonomie totale par rapport à Angkor.

Il faut remarquer que les Siamois de Sukhôtai étaient de religion bouddhique du Theravada, religion apportée par leurs voisins, les Môns de la principauté de Haripunjaya. Le roi Indravarman II n'a pas réagi face à cette grave situation. *Manquait-il de moyens pour le faire ? Etait-il empêché par certains dignitaires du Palais convertis à cette nouvelle religion de Tamalinda et qui voyaient d'un bon œil l'installation de la nouvelle religion au niveau d'une principauté ?* Le résultat final est simple : le Grand royaume khmer, en cette année 1338, a perdu « **sans combat** » la principauté de Sukhôtai au profit des Siamois.

---

[121] Le mot « muang » veut dire pays et muang thai par exemple veut dire le pays des Thaïs.

CHAPITRE 16

LE ROI JAYAVARMAN VIII
ET LA PERTE DU SIAM

Le roi Jayavarman VIII régna à Angkor au Pays khmer de **1243 à 1295**. Il succéda au roi Indravarman II (1221-1243) qui a lui-même succédé à son père le grand roi Jayavarman VII (1181- 1221). Son long règne d'un demi-siècle n'était pas des plus heureux, ni pour lui-même ni pour le royaume ni pour la nation khmère. Il est vrai que le XIIIè siècle était une période charnière de l'Histoire des Khmers, qui s'acheva par de grands bouleversements au XIVè siècle avec la grande Révolution bouddhique du Theravada de 1336, entraînant la disparition de la civilisation angkorienne, l'occupation du pays en 1352 par Râma Thibodi roi d'Ayutthya, suivie de la mise à sac d'Angkor et de la déportation de centaines de milliers de Khmers pour servir d'esclaves, puis pour finir la décadence définitive du Pays khmer. Trois évènements majeurs ont marqué son règne : la guerre civile d'origine religieuse ou guerre de religion, la tentative d'invasion du royaume par la Chine, la perte du territoire de l'Ouest que l'on appela plus tard le Siam.

I . LA GUERRE DE RELIGION

Elle oppose les Khmers brahmanistes et les Khmers du bouddhisme mahayana d'un côté et les Khmers du bouddhisme theravada de l'autre côté. Le brahmanisme et le bouddhisme du mahayana existèrent au Pays khmer durant treize siècles. Actuellement on ne trouve même pas un seul Khmer adepte de ces deux religions dans le pays. Rares aussi sont les Khmers à l'heure actuelle qui connaissent véritablement ce qu'est le bouddhisme du mahayana ou le brahmanisme. Pourtant il faut reconnaître que ces deux religions ne s'étaient pas du tout évaporées spontanément dans la nature. La « guerre de religion khmère » débuta effectivement en l'an 1243, date de l'avènement du roi Jayavarman VIII, et se termina en l'an 1336, date de la Révolution bouddhique du Theravada qui a vu la victoire de cette dernière avec la disparition définitive de ses adversaires. Elle a duré ainsi presque cent ans.

Au Pays khmer, la religion brahmanique et la religion bouddhique du mahayana ont toujours cohabité, tant bien que mal, pendant treize siècles, de l'an 50 jusqu'à l'an 1336 après Jésus Christ. Cela n'était pas sans heurts. L'Histoire khmère est remplie de rois bouddhistes du mahayana qui ont « usurpé » le trône occupé par des rois de religion brahmanique, généralement de façon sanglante comme le cas du roi Rudravarman (514-550) qui a tué son demi-frère prince héritier brahmaniste, ou du roi Sûryavarman Ier (1010-1050) qui a tué le roi légitime brahmaniste Jayaviravarman. On ne sait pas exactement comment le grand roi Sûryavarman II (1113-1150), le bâtisseur du célèbre monument Visnuloka ou Angkor Vat a disparu, mais il est troublant de constater que son successeur et cousin le roi Dharanindravarman II[122] était de

---

[122] Dharanidravarman II est le père de Jayavarman VII. Il a pour successeur Yaçovarman II qui était rapidement renversé en 1165 par un brahmaniste du nom de Tribhuvânadityavarman. Ces luttes

religion bouddhique du mahayana. Le retour sur le trône des rois brahmanistes à la place des rois bouddhistes du mahayana n'était pas moins sanglant non plus. Ce régime de balancier tragique a duré treize siècles sans que l'une ou l'autre religion soit éliminée de façon définitive. Jusqu'à la fin du XIIIè siècle, le but final de chaque protagoniste n'était pas l'élimination de la religion de son adversaire, mais seulement d'installer sa propre religion comme religion d'Etat, avec tous les privilèges et les avantages matériels qui y étaient attachés.

Le bouddhisme du Theravada fut introduit au Pays khmer comme on sait, en l'an 1190 par le prince Tamalinda le propre fils de Jayavarman VII. Au cours du règne de Indravarman II (1221-1243) ses progrès dans le pays étaient considérables. Ces progrès atteignaient certainement aussi de nombreux cadres dirigeants du royaume, entraînant un certain nombre de dysfonctionnements au niveau politique, et c'est ce qui explique certaines décisions curieuses du roi comme le retrait des troupes du Champà et l'absence de réaction face à un véritable « coup de force » dans l'éviction du prince vassal khmer de Sukhôtai en 1238 par des Siamois.

Devant cette montée quasi irrésistible du bouddhisme theravada, favorisée ouvertement ou non par l'attitude de Indravarman II frère de Tamalinda, la réaction des brahmanistes était parfaitement prévisible. Ceux-ci étaient décidés désormais à contre-attaquer et ce n'était pas un hasard si le successeur du roi bouddhiste Indravarman II se trouvait être un brahmaniste çivaïte en la personne de Jayavarman VIII dont on ignore tout du lien de parenté avec son prédécesseur.

Jayavarman VIII monta sur le trône en l'an 1243. Son objectif était simple : rétablir partout l'orthodoxie brahmanique. Cette attitude est somme toute tout à fait naturelle sinon

---

intestines eurent comme conséquences l'attaque et la prise d'Angkor par les Chàms en 1177 suivie de l'occupation du pays durant cinq ans. Le libérateur du pays était alors le grand roi Jayavarman VII, bouddhiste du mahayana.

légitime pour lui-même qui était brahmaniste et pour le Pays khmer à cette époque, car depuis treize siècles le brahmanisme était non seulement la religion dominante du pays, mais il était aussi à la base de l'organisation politique et sociale de la nation. Curieusement certains savants, spécialistes de l'Histoire khmère, ont pour ce roi une appréciation bien peu flatteuse. A. Dauphin-Meunier[123] par exemple écrivait : « *Dès son avènement, il restaura l'orthodoxie çivaïte et son vandalisme iconoclaste se déchaîna contre les images de Bouddha qu'avaient multipliées Jayavarman VII et son fils. Le roi vivait entouré de brahmanes. Une de ses épouses Chakravatirâjadevi était la fille de l'ancien chapelain hindouiste Hrishikeçà ; elle avait pour cousin germain Jaya Mangalârtha, lui-même savant brahmane que le roi tenait en une telle estime que, non content de le revêtir des plus hautes dignités, il fit élever un temple dans la dernière année de son règne pour y placer sa statue. Or la population dans sa grande masse et de nombreux mandarins étaient convertis au bouddhisme. On aspirait à plus de douceur, on préférait la doctrine de compassion et de paix de Bouddha à la métaphysique hindouiste réservée à une élite de prêtres et de guerriers, asseyant leur opulence et celle de leurs dieux sur l'esclavage de centaines de milliers de prisonniers de guerre et de paysans* » !

Le crime de Jayavarman VIII n'était certainement pas d'être brahmaniste ou hindouiste. Son crime n'était pas celui d'avoir une épouse fille de brahmane et de vivre entouré de brahmanes. Le roi Jayavarman VII lui-même, tout bouddhiste qu'il fut, vivait entouré aussi de savants brahmanes et avait aussi une épouse, fille de brahmane. C'est la méconnaissance du brahmanisme qui amène certains auteurs à croire que la douceur, la paix, la tolérance et la compassion étaient du côté du bouddhisme theravada. A. Daniélou[124] disait « *la liberté*

---

[123] A. Dauphin-Meunier, *Histoire du Cambodge*, op. cit, p. 40.
[124] Alain Daniélou, *Histoire de l'Inde*, Fayard, Paris, 1983 (1ère éd. 1971), p. 154.

religieuse était et est toujours demeurée un principe fondamental du brahmanisme et non pas du bouddhisme ». Enfin l'atteinte au brahmanisme notamment dans sa conception des castes[125] par le bouddhisme theravada était une atteinte directe à la « Constitution » du royaume elle-même. Le rejet des castes par le bouddhisme theravada entraînait évidemment des désordres dans toutes les organisations du royaume. La guerre de religion au Pays khmer n'était pas seulement une simple guerre de religion, **elle était aussi d'ordre politique.**

Dans son but de rétablir le pouvoir brahmanique et l'ordre étatique à la manière brahmanique, Jayavarman VIII se heurta à une résistance inattendue. Il y avait d'abord des résistances dans les rangs des hauts dignitaires, en particulier dans l'armée et comme on verra plus loin, son assassin était justement un général de son armée, bouddhiste du Theravada. Il y avait aussi des résistances en dehors de la capitale, partout dans le pays. Le royaume khmer était à cette époque une féodalité avec le roi d'Angkor comme suzerain et des seigneurs vassaux ou « sdach tranh » en khmer. Les principautés vassales étaient au nombre de plus de 90 sous le règne de Jayavarman VIII. Elles étaient désignées sous le nom de « provinces » par le diplomate chinois Tcheou Ta Kouan. La dissidence de certaines principautés vassales entraîna des désordres et de l'insécurité. Le pays était alors plongé dans un climat de guerre civile, un climat de « guerre de religion ». Ce climat de troubles est rapporté dans une inscription se rapportant à Jayavarman VIII de la manière suivante (Louis Finot)[126] : « La terre soutenue par un vieux roi éprouvait l'incommodité d'une surabondance de ronces », autrement dit le pays était en pleine insécurité à cause du très grand nombre de troubles. Ce genre d'expression parabolique est typique du Pays khmer de l'époque angkorienne pour

---

[125] Le bouddhisme mahayana a toujours respecté la notion de castes définie par le Veda.
[126] Louis Finot, *Le Temple d'Içvarapura*, Mém. Arch. BEFEO. T. I, p. 89.

décrire un état de guerre civile et non pas une agression étrangère. En effet sur une stèle trouvée dans le Bâray occidental on peut lire aussi que « la reine Jayadevi en 713 se plaint des désordres des esprits et des malheurs des temps» (G. Coedès)[127] autrement dit de la guerre civile qui a vu quelques temps après l'éclatement du royaume khmer en deux parties, le royaume du Kambuja d'une part, et le royaume de Nâgapùri d'autre part appelés cette fois Chen-La de Terre et le Chen-La d'Eau par les auteurs français. Quoiqu'il en soit, l'insécurité et l'état de faiblesse militaire du roi Jayavarman VIII, face à la lutte contre les partisans du bouddhisme theravada, étaient tels que vers la fin de son règne, il était obligé de rester confiné dans son palais à Angkor. En 1296, le chinois Tcheou Ta Kouan[128] écrivait en effet que « sous les souverains précédents, les roues de leur char ne dépassaient jamais le seuil du Palais et cela pour parer aux cas fortuits ». Malgré toute cette prudence, le roi Jayavarman VIII fut obligé d'abdiquer, selon une inscription, en faveur d'un chef d'armée bouddhiste du Theravada qui devint roi en 1295 sous le nom de Sri Indravarman. Celui-ci était d'ailleurs le propre gendre du roi, selon le même Tcheou Ta Kouan. Le prince héritier, de son côté, a vu ses orteils coupés, le privant ainsi de tous les droits civiques, avant d'être relégué pour toujours dans une chambre obscure. Depuis cette date, on n'a plus revu Jayavarman VIII, et il est probable qu'il ait été tout simplement assassiné. La victoire de Sri Indravarman était célébrée aussi par une stèle disant : « La terre, jadis abritée en même temps et de toutes parts sous la foule des parasols blancs des rois (les princes vassaux), souffrait de la brûlure du soleil. Maintenant, à l'ombre du seul parasol blanc (du nouveau roi), elle n'en sent plus aucune » (Louis Finot)[129].

---

[127] Georges Coedès, *Inscriptions du Cambodge*. T. IV, p. 54.

[128] Tcheou Ta Kouan, *Mémoires sur les coutumes du Cambodge*, op. cit, p. 34.

[129] Louis Finot, *Le Temple d'Içvarapura*, op. cit., p. 89.

C'est aussi au cours de cette guerre civile que les monuments d'Angkor ont été endommagés. Certains historiens ont confondu le bouddhisme mahayana et le bouddhisme theravada. Ils ont pensé que c'était la même religion ou tout au moins qu'ils étaient des « frères » car ils avaient en commun le même dieu c'est-à-dire Bouddha. **En réalité ces deux formes du bouddhisme ont toujours été des ennemis irréductibles depuis leur séparation en l'an 245 avant JC**. Le bouddhisme mahayana et le brahmanisme au contraire, bien que se référant à des dieux différents, ont toujours cohabité ensemble plus ou moins pacifiquement. C'est finalement le bouddhisme du Theravada qui lutte contre ces deux dernières religions en même temps. Ce sont les partisans du bouddhisme theravada qui ont vandalisé les monuments à Angkor et non pas les brahmanistes. Bien sûr les brahmanistes et les bouddhistes du mahayana ont aussi détruit les temples ou « vihara » des bouddhistes du Theravada, mais ces temples ou pagodes étaient toutes de constructions légères (Tcheou Ta Kouan) et leurs destructions et leurs incendies n'ont pas laissé de traces archéologiques.

Le roi Jayavarman VII, déjà disparu et bien qu'il ait été le père de Tamalinda n'a pas été épargné non plus, à cause de sa religion qui était le bouddhisme du mahayana. On laisse entendre qu'il était atteint de la lèpre, que la statue se trouvant sur la terrasse des Eléphants devant le Palais royal à Angkor était la sienne et on l'appela désormais la « **statue du roi lépreux** ». Cette légende a été inventée par les bouddhistes du Theravada pour nuire au prestige de ce grand roi. En 1296 et à propos de la lèpre, Tcheou Ta Kouan écrivait : « Il y a un souverain qui a attrapé cette maladie ». A l'évidence il a appris cette histoire des autorités khmères sur place et ces rumeurs malveillantes à Angkor datent bien d'avant l'année 1296, autrement dit, elles ont bien eu lieu pendant le règne de Jayavarman VIII.

II . TENTATIVE D'INVASION CHINOISE

Jayavarman VIII a connu aussi au cours de son règne une tentative d'invasion militaire par la Chine, dirigée à cette époque par Koubilaï Khan. Celui-ci, un chef mongol qui a fondé la dynastie chinoise des « Yuan », est un parfait contemporain de Jayavarman VIII puisqu'il a régné de 1260 à 1294. Petit fils de Gengis Khan, il a transféré sa capitale Karaborum à Khanbàlik ou actuel Pékin en 1264. Ses expéditions militaires contre les Etats du sud répondent simplement à une politique stratégique millénaire de la Chine qui consiste à tout faire pour qu'un Etat voisin du sien ne devienne une grande puissance. C'est en quelque sorte une mesure préventive pour la sécurité de la Chine.

La puissance khmère de Jayavarman VII a été bien remarquée par les Chinois. Les interventions de Gengis Khan en Chine à cette époque ne leur ont pas permis de réagir. En 1282, Koubilaï Khan envoya « par mille jonques de guerre » un corps expéditionnaire sous le commandement du général Sötu ou Sögatu pour envahir d'abord le Champà. Un détachement de cette armée commandé par le général Sulayman prit ensuite la direction de la ville khmère de Savannakhèt à partir de Quang Tri pour attaquer le royaume khmer. Toutefois, devant les difficultés rencontrées par la cavalerie mongole, il a dû rebrousser chemin. Malgré cet échec de Sulayman et en l'absence de tout combat, le roi Jayavarman VIII fut obligé de reconnaître sa défaite, à cause justement de la guerre civile à l'intérieur du pays. Le 6 Octobre 1285, selon Paul Pelliot[130], une ambassade khmère s'était rendue à Pékin pour faire allégeance à Koubilaï en offrant comme présents 10 musiciens, des peaux de crocodiles et des drogues médicinales, avec promesse de verser un tribut annuel.

---

[130] Paul Pelliot, in Tcheou Ta Kouan, *Mémoires sur les coutumes du Cambodge*, op. cit., pp. 99-122.

On peut remarquer que Jayavarman VIII n'a pas respecté cette promesse et la venue à Angkor d'une ambassade chinoise en 1296, dont faisait partie Tcheou Ta Kouan, avait justement pour mission de réclamer ce tribut, ou comme disait diplomatiquement Tcheou Ta Kouan, « de rappeler au roi khmer à ses devoirs envers l'Empereur ». Quant au général Sögatu et son adjoint, ils se dirigèrent alors vers le nord en direction de Hanoi pour attaquer les Viêts (royaume appelé Dai Viêt à cette époque) et faire la jonction en même temps avec l'armée du prince Tögun (Togan d'après Marco Polo) fils de Koubilaï, venue du nord pour prendre les Viêts en tenaille. Ils sont capturés par les Viêts et décapités. Le prince Tögun retourna alors simplement à Pékin, ne pouvant plus rien faire sur le terrain.

III . LA PERTE DU SIAM

Sous le règne de Jayavarman VIII, le royaume khmer se vit amputé aussi d'une immense partie de son territoire, en particulier toute la vallée du Ménam, qui constitue actuellement la plus grande partie du royaume du Siam.

On a vu qu'en 1238, la principauté de Sukhôtai était devenue autonome. Elle devint indépendante en 1242. Râma Kamhèng est devenu roi de ce petit royaume en 1279. Il n'était qu'un petit souverain « siamois » parmi plusieurs autres. Il y avait en effet à cette époque, dans cette région de la haute vallée du Ménam ou Chao Phraya plusieurs principautés « siamoises » en particulier la principauté de Lan Na du prince Mang Rai (lan en khmer lean = million, Na = rizière)[131] avec comme capitale Chiang Mai, la principauté de Phayao ou Muang Phayao sur le

---

[131] La puissance des Etats ou des personnalités à cette époque se mesure au nombre de rizières qu'ils possèdent. Un haut fonctionnaire par exemple était désigné sous le titre de « Na moeun » c'est-à-dire dix mille rizières (moeun = 10000 et na = rizières)

fleuve Mé Ing du prince Ngam Muang (Muang = pays), le royaume du Lan Chang (lan = million, chang = éléphant) dans le haut Laos actuel. Les débuts du règne de Râma Kamhèng ne se passèrent pas du tout dans un environnement des plus paisibles. Déjà il a dû guerroyer avec son père contre ses voisins et compatriotes siamois. Son nom de Phra Râma Kamhèng qui veut dire Râma le Terrible (et non pas le Hardi comme disait G. Coedès)[132] lui a été donné par son père en témoignage de son courage lors d'un combat contre Khun Sam C'hon, prince de Muang Chôt (actuel Mé Sot situé au nord de Ràhèng). Devenu roi, il était encore en conflit en 1287 avec le prince siamois Ngam Muang dont il a séduit la femme. Fait prisonnier par ce dernier, il n'a dû son salut que grâce à l'entremise de Mang Rai et au prix d'une amende de 990.000 cauris, monnaie du pays à cette époque. C'était à cette occasion aussi que les trois rois se sont réconciliés et ont fait serment « d'éternelle amitié ».

C'est donc **après cette date de 1287** seulement que Râma Kamhèng commença à étendre son influence sur les principautés khmères dans le sud, essentiellement le long de la vallée du Ménam. Il a laissé à Sukhôtai en **1292** une stèle célèbre signée de son propre nom, décrivant de façon idyllique son royaume et sa grande compassion pour son peuple. Cette stèle est considérée depuis cette époque par les Siamois comme l'acte fondateur de leur nation. Elle se trouve actuellement au musée national de Bangkok. Un post-scriptum à l'inscription (G. Coedès)[133] fait état des principautés conquises et indique les limites du nouveau royaume de Râma Kamhèng avec :

- à l'est : Sralaluang, Son Kwè (Pitsanulok), Lumsak, Bachay et Saka jusqu'à Vieng Chan (Vientiane) et Vieng Kham.

---

[132] Kamhèng en siamois ou en khmer veut dire exactement celui qui inspire la peur comme le mot « Terrible » qui veut dire celui qui inspire la terreur.

[133] Georges Coedès, *Recueil des inscriptions du Siam*, vol I, p. 37.

- au sud : les régions de Nakhon Savan, Ratburi, Pechaburi, et Si Thamarat à la limite de la Malaisie actuelle.
- à l'ouest : Muang Chot (Mé Sôt) et Hangsavati (Pegu).
- au nord : Muang Prè, Muang Man, Muang Pha et Muang C'hava (Luang Prabang).

De quelle manière Râma Kamhèng avait-il conquis les principautés khmères vassales de Jayavarman VIII ? Avait-il fait la guerre contre le roi d'Angkor ?

Pratiquement tous les anciens auteurs français dont P. Pelliot, G. Coedès, A. Dauphin Meunier pour ne citer qu'eux, affirment que Râma Kamhèng avait envahi le royaume khmer au temps de Jayavarman VIII. Traduisant les textes de Tcheou Ta Kouan de 1296, et à propos de l'armée khmère, Paul Pelliot[134] écrivait : « D'une façon générale, ces gens (les Khmers) n'ont ni tactique ni stratégie. On rapporte que dans *la guerre avec les Siamois*, on a obligé toute la population à combattre ». Dans un autre texte du même auteur[135] il était dit que : « Dans la *récente guerre avec les Siamois*, tout le peuple khmer a été obligé de combattre, et le pays a été entièrement dévasté ».

Il faut reconnaître que Tcheou Ta Kouan lui-même ne connaissait pas tout, sur le Pays khmer de cette époque. Les autorités d'Angkor se gardaient bien de lui montrer toutes les réalités des choses. Il ne connaissait même pas le grand monument Visnuloka ou Angkor Vat, situé à très peu de distance de son domicile à Angkor Thom dont il disait qu'il

---

[134] Paul Pelliot, in Tcheou Ta Kouan, *Mémoires sur les coutumes du Cambodge,* Librairie d'Amérique et d'Orient, Jean Maisonneuve, Paris, 1997 (1ère éd. 1951), p. 34.

[135] Paul Pelliot, *Mémoires sur les coutumes du Cambodge*, BEFEO, II. p. 173.

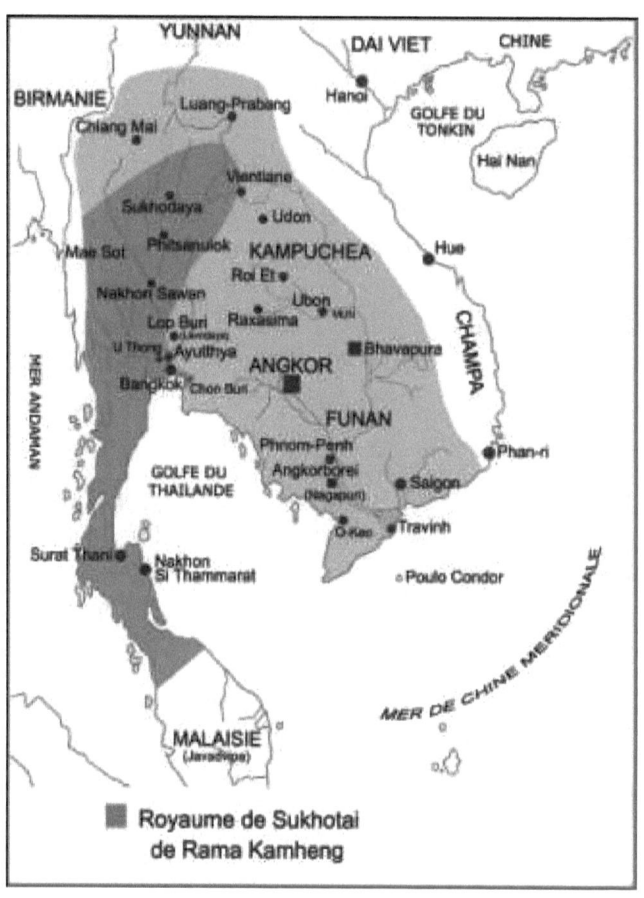

**Royaume khmer au XIIIè siècle
sous Jayavarman VIII**

s'agissait du tombeau de Lou Pan, un Chinois parfaitement inconnu. On ne lui a pas fait savoir qu'il y avait une guerre civile, fratricide, juste avant son arrivée. On ne lui a pas fait savoir non plus que le souverain qui l'a reçu fût un simple usurpateur. On se garda bien de lui montrer exactement ce qu'était l'armée khmère pour des raisons de « secret militaire » et c'est pourquoi il avait dit que les Khmers n'avaient ni tactique ni stratégie et que tout le peuple khmer était obligé de combattre. L'armée khmère à cette époque était bien organisée. La garde royale bien structurée qui accompagnait le roi à chaque fois que celui-ci quittait son Palais comme Tcheou Ta Kouan a pu observer lui-même quatre fois durant son séjour, aurait dû lui montrer que cette armée était elle-même aussi bien structurée.

Dire qu'il y avait une « guerre avec les Siamois » à cette époque du XIIIè siècle n'a pas de sens et n'est pas exact non plus, car il y avait beaucoup de groupes de Siamois. Il y avait les Siamois de Râma Kamhèng, les Siamois du royaume de Lan Na, les Siamois du royaume de Ngam Muang, etc. Et puis la notion de « royaume de Siam » n'était pas encore connue à cette époque. Elle n'est connue seulement en Occident qu'au XVIIè siècle, à l'occasion de la venue à Versailles, en **1685** sous Louis XIV, des ambassades du roi Phra Narai. Le royaume de Siam désigne en réalité le royaume d'Ayutthya fondé en 1350 par Râma Thibodi et non pas le royaume de Sukhôtai de Râma Kamhèng.

Pour dire plus simplement, il n'y avait pas de guerre directe entre Râma Kamhèng et le roi Jayavarman VIII. Le roi de Sukhôtai n'était certainement pas de taille à affronter directement le souverain d'Angkor, même si celui-ci était très affaibli par la guerre civile. Le roi Râma Kamhèng a obtenu « sans combat » les allégeances des principautés khmères de la vallée du Mé Nam, ces principautés khmères étant à cette époque laissées sans contrôle par Jayavarman VIII, du fait que celui-ci était en pleine guerre civile dont il n'était même pas le maître de la situation. Le royaume agrandi de Râma Kamhèng n'avait pas l'étendue décrite dans la stèle de Sukhôtai. G. Coedès[136] disait : « Que cette énumération de pays conquis par Râma Kamhèng soit autre chose qu'une simple rodomontade,

---

[136] Georges Coedès, *Les Etats hindouisés d'Indochine et d'Indonésie*, De Boccard, Paris, 1989 (1ère éd. 1948), p. 373.

on en a la preuve par toutes sortes de recoupements avec les sources étrangères ». Xavier Galland[137] disait : « Refusant prudemment le conflit ouvert avec Angkor, Râma Kamhèng se concentre principalement sur la vallée de Chao Phraya ». De fait, il ne contrôlait pas du tout les principautés de Lopburi, Prachinburi, Chonburi, Chanthaburi. Dans son livre « Le Siam », Michel Jacq-Hergoualc'h[138] écrivait : « Les dites conquêtes ne furent pour une large part d'entre elles que le *résultat d'allégeances* consenties par un certain nombre de princes à un plus fort qu'eux. Râma Kamhèng n'est jamais allé jusqu'à Nakhon Si Thammarat en péninsule Malaise, jusqu'à Vientiane à l'est, Pegu en territoire birman actuel à l'ouest, et Luang Prabang au nord, comme il est écrit ». Ceci est aussi une raison de plus de croire que le roi Râma Kamhèng n'a jamais mis les pieds à Angkor et que la population khmère n'a jamais été appelée à le combattre non plus !

Râma Kamhèng mourut en **1298**, disait-on, à la suite d'une noyade. Ses successeurs, fervents bouddhistes du Theravada, préférèrent s'occuper plutôt de la religion que des affaires de l'Etat. Le royaume bouddhique theravada de Râma Kamhèng fut alors complètement disloqué et absorbé plus tard par le roi Râma Thibodi d'Ayutthya. Malgré cette décadence de la famille royale de Sukhôtai, les successeurs de Jayavarman VIII n'ont pas pu récupérer non plus les territoires perdus du Ménam, ceci à cause toujours de la guerre de religion qui ne cessa qu'en 1336. Et ce fut alors la perte définitive de cette partie du Grand Pays khmer que l'on appela plus tard le Siam.

---

[137] Xavier Galland, *Histoire de la Thaïlande*, PUF., Paris, 1998, p. 35.
[138] Michel Jacq-Hergoualc'h, *Le Siam*, Ed. Les Belles Lettres, Paris, 2004, p. 49.

CHAPITRE 17

LA REVOLUTION BOUDDHIQUE KHMERE DE 1336

Dans son Histoire, le Pays Khmer a connu deux grandes Révolutions, aussi sanglantes pour l'une comme pour l'autre, aussi radicales l'une et l'autre, et aux conséquences aussi désastreuses avec l'une comme avec l'autre. Ce sont les révolutions de 1336 et de 1975. On connaît assez bien cette dernière conduite par les communistes Pol Pot, Ieng Sary et leurs partisans, car elle est récente. On connaît mal ou pas du tout celle de 1336, non pas tant parce qu'elle a eu lieu il y a bien longtemps, mais surtout par le fait d'une absence dans la mémoire des hommes que les vainqueurs ont imprimée à tout un peuple. Depuis cette époque presque tous les auteurs ont évoqué ce grave événement notamment Adhémard Leclère, A. Dauphin-Meunier et Trân Nghia dans leurs ouvrages respectifs sur l'Histoire du Cambodge. Toutefois ce ne sont que des évocations bien partielles portant surtout sur les quelques conséquences parfois exactes, parfois erronées qui finalement ne nous permettent guère une totale compréhension.

Quelles sont les causes de cette révolution ? Comment cette révolution s'était-elle déroulée ? Quelles sont enfin les conséquences qui en résultèrent et pour le peuple khmer et pour le Pays khmer ? Voilà des questions bien légitimes que tout un chacun ne manque pas de se poser et qui, il est vrai, n'ont pas reçu de réponses claires jusqu'à ce jour.

I . LE PAYS KHMER AVANT 1336

Une Révolution est par définition un changement brusque et violent dans la structure sociale et politique d'un Etat. Il est évident qu'il est alors nécessaire de bien connaître la situation du Pays khmer avant l'an 1336 pour comprendre et la cause de la révolution et les changements qui en résultèrent. Jusqu'à nos jours la situation du Pays khmer avant 1336 est très mal connue à cause des interprétations approximatives et tendancieuses de certains savants du début du 20è siècle. Pour ces auteurs, le Pays khmer était dirigé par des monarques au pouvoir absolu, se prenant pour Dieu et ne faisant les choses que selon leur bon plaisir sinon selon leurs caprices. G. Coedès[139] écrivait en effet que « le souverain khmer, pour qui régner consiste à manger son trône, apparaît moins comme un administrateur que comme un Dieu sur terre ». Et on parle alors du culte du Dieu-Roi ou culte du Devarâja comme s'il s'agissait d'un principe de Gouvernement. Evidemment tout cela est bien loin de la réalité et si le roi avait une place tout à fait à part, le culte du Dieu-Roi comme on a déjà vu, n'existe pas et n'a jamais existé.

Le Pays khmer avant 1336 était un pays bien organisé, bien structuré selon des règles bien précises définies par sa religion, le brahmanisme. Dans cette société chacun avait sa place et le rôle de chacun était bien déterminé en fonction de sa caste. Le

---

[139] Georges Coedès, *Les Etats hindouisés d'Indochine et d'Indonésie*, op. cit, p. 222.

bouddhisme du mahayana qui devint de temps à autre la religion du roi n'a pas dérogé à ces principes.

L'économie khmère est basée entièrement sur l'agriculture. Le creusement des bassins, l'édification des réservoirs d'eau ou bârays entrent dans le cadre de cette politique agricole. Les ressources des forêts et les produits de la pêche forment un complément très important. L'élevage reste à l'échelon familial. La situation en 1336 ne devait pas être très différente de celle de 1296, année où Tcheou Ta Kouan[140] a séjourné dans la capitale khmère à Angkor. Selon ce diplomate chinois : « *Les habitants obtiennent trois à quatre récoltes de riz par an. Dans les montagnes il y a beaucoup de bois rares. Les produits de valeur sont les plumes du martin-pêcheur, les défenses d'éléphants, les cornes de rhinocéros, le laka-wood, la cire d'abeille, le cardamome, la gomme-gutte, la gomme-laque, l'huile de chaulmoogra utilisée contre la lèpre.. On exploite aussi le palmier à sucre et on cultive des cocotiers, du poivre, des légumes divers. Les poissons abondent et sont de toutes espèces. Les crevettes de Kompong Chnang pèsent une livre et plus, etc.* »..... A l'époque de Jayavarman VII (1181 à 1221) cette économie devait être largement prospère pour pouvoir financer les grands travaux d'Etat comme la construction de la ville-capitale Angkor Thom puis les routes, les ponts, les asrâmas, les hôpitaux et les monuments religieux divers.

La redistribution de cette richesse nationale était cependant tout à fait inégale, parallèlement à l'inégalité des classes sociales. Le roi est évidemment le premier bénéficiaire avec ses impôts et taxes diverses en plus des revenus de ses domaines propres considérables. Il bénéficie aussi des tributs annuels versés par les rois vassaux et des dons divers offerts par les dignitaires de tout rang. Les membres de la famille royale et les dignitaires du royaume sont aussi de grands propriétaires terriens avec des esclaves liés à ces terres. Les brahmanes

---

[140] Tcheou Ta Kouan, *Mémoires sur les coutumes du Cambodge*, Traduits par Paul Pelliot, op. cit, pp. 9-35.

forment une autre classe de privilégiés comme on a déjà vu et certains possèdent d'immenses domaines agricoles. Les agriculteurs et les artisans formant la classe des vaisyas ont des situations très modestes. Cette situation se reflète au niveau de leur habitat. Tcheou Ta Kouan notait en effet que « *les habitations des princes et des grands officiers ont une tout autre disposition et d'autres dimensions que les maisons du peuple. Le rang officiel de chacun détermine les dimensions de leurs demeures. Tous les bâtiments périphériques sont couverts de chaumes, seuls l'appartement principal et le temple de famille sont couverts de tuiles. Le commun du peuple ne couvre qu'en chaume et il n'oserait mettre le moindre morceau de tuile. Les dimensions dépendent de la fortune de chacun mais jamais le peuple n'oserait imiter la disposition des maisons nobles* ». Enfin, les sûdras ou esclaves ne possèdent aucun bien.

Sur le plan culturel et scientifique le Pays khmer avant 1336 possédait bien plus qu'un minimum du savoir. Les innombrables sculptures sur tous les monuments d'Angkor ne sont certainement pas des œuvres réalisées par des esclaves. Le Pays khmer hindouiste possédait la même culture que les Etats hindous de cette époque. La langue officielle et scientifique était le sanscrit comme en Inde. Sous Jayavarman VII on dénombre 121 collèges ou lycées à travers le royaume. A Angkor il existait des facultés de lettres, de droit, de philosophie, de médecine et aussi des écoles d'ingénieur, d'art et d'architecture. Comme en Inde, les étudiants y compris ceux des collèges sont logés, habillés et nourris gratuitement.

II . DE L'USURPATION A LA REVOLUTION

Malgré les inégalités sociales et économiques flagrantes il n'a jamais été question au Pays khmer de la révolte du peuple ou de la suppression de la monarchie. Celle-ci étant le seul régime que connaît le peuple khmer, le changement possible ne peut être que le changement d'un roi par un autre. Et c'est toujours par le fait d'une usurpation. Avant 1336 la motivation était d'ordre religieux : un usurpateur bouddhique prenait la place d'un roi brahmanique et réciproquement. Après 1336 et jusqu'au XXè siècle, la motivation de l'usurpateur est toujours d'ordre personnel : c'est l'obtention du pouvoir c'est-à-dire le trône.

Depuis l'an 50 après Jésus Christ, le Pays khmer était un pays de religion brahmanique. L'autre religion qui existait dans le pays était le bouddhisme mahayana, ceci à partir du début de l'ère chrétienne, suite à sa diffusion dans le monde ordonnée par l'empereur hindou Asoka. Le bouddhisme du Theravada ou bouddhisme du Petit véhicule n'est présent qu'à partir de 1190. Le brahmanisme reste toutefois la religion naturelle du Pays khmer avant l'an 1336. Il bénéficie surtout des privilèges par droit divin puisque ceux-ci sont prescrits par le Veda. La seule façon pour le bouddhisme d'avoir la plénitude de ces privilèges et une position dominante est d'avoir un roi bouddhiste. Il en est effectivement ainsi. Dans leur Histoire avant 1336, les Khmers avaient cinq rois bouddhistes célèbres : Rudravarman, Sûryavarman Ier, Dharanindravarman II, Jayavarman VII et Sri Indravarman.

Rudravarman (514-550) est le fils du roi Kaundinya-Jayavarman mais né d'une concubine. Bouddhiste mahayana, il a tué son demi-frère brahmaniste, fils de la reine principale et héritier du trône. Il devint roi du royaume de Nâgapùri ou Angkor Borei (Funan pour les Chinois et royaume de la Montagne pour les Français) et roi suzcrain de tous les petits royaumes khmers vassaux. Avec lui le bouddhisme mahayana devient la religion officielle de l'Etat. Il est mort sans héritier direct. Son petit-fils Bhavavarman, roi-vassal du Kambuja (Chen La pour les Chinois) revendiqua l'héritage et entreprit la conquête du pays. La victoire fut obtenue en 630 par son neveu le roi Içànavarman qui réunit Nâgapùri avec le Kambuja et rétablit en même temps partout le brahmanisme.

Sûryavarman Ier (1010-1050) est un bouddhiste mahayana comme l'indique son nom posthume de Nirvânapada. Fils d'une princesse khmère et d'un Malais dont les ancêtres étaient de

Tambralinga (Ligor), il s'est proclamé roi en 1002 à la mort du roi Udayâdityavarman Ier, bien que le successeur légitime Jayaviravarman ait déjà été élu. La guerre civile dura jusqu'en 1010 où ce dernier fut tué. Pour légitimer son usurpation, Sûryavarman Ier épousa la veuve du roi défunt et fit prêter serment de fidélité à tous les fonctionnaires dont les noms et les grades furent gravés sur les murs du pavillon d'entrée du Palais royal à Angkor. A sa mort en 1050 le brahmanisme fut rétabli par son petit neveu, le roi Udâyadityavarman II.

Dharanindravarman II (1150-1165) était le père de Jayavarman VII. Il était le cousin de Sûryavarman II, le célèbre roi constructeur de Visnuloka ou Angkor Vat. Son père Mahîdharaditya était en effet le frère de Narendralakshmi, la mère de Sûryavarman II. Bouddhiste du mahayana, il renversa celui-ci en 1150 par une sorte de révolution du palais. Devenu roi, il établit la religion bouddhique mahayana comme religion d'Etat.

Jayavarman VII (1181-1221) est aussi bouddhiste du mahayana comme son père. Son arrivée sur le trône se passe plutôt dans des conditions glorieuses. En l'an 1177 les Chàms attaquèrent et pillèrent la capitale Angkor qu'ils occupèrent pendant presque cinq ans. Encore prince, Jayavarman VII organisa la résistance, parvint à libérer le pays et se fit reconnaître roi en 1181. Il fut le roi qui avait le plus honoré le bouddhisme mahayana avec ses innombrables monuments à la gloire des bodhisattvas. Son nom posthume est Mahaparamasaugatapàda qui veut dire « celui qui s'était rendu au pied de Bouddha ». Sous son règne le syncrétisme religieux fut exemplaire. Il avait auprès de lui un brahmane du nom de Hrishikeçà qui est son purohit et aussi son preah guru qui, avec ce titre comme on sait, est aussi son premier ministre. Il a aussi un fils, le prince Tamalinda qui s'était fait bonze du Theravada. Après six années d'études du bouddhisme du Theravada à Sri Lanka, ce prince est rentré à Angkor en 1190. Sous son titre de prince royal il a pu propager de manière considérable le bouddhisme theravada dont le progrès important n'est pas sans conséquences sur la société khmère et le Pays khmer comme on le verra plus loin.

Sri Indravarman ou **Srindravarman** (1295-1307) est le successeur de Jayavarman VIII. Il a reçu en 1296 une ambassade de Chine dont faisait partie Tcheou Ta Kouan. D'après celui-ci « *Le nouveau prince est le gendre de l'ancien souverain. Primitivement il avait charge de diriger les troupes. Le beau père aimait sa fille ; la fille lui déroba l'épée d'or et la porta à son mari. Le vrai fils fut par la suite privé de succession. Il complota pour lever des troupes, mais le nouveau prince le sut, lui coupa les orteils et le relégua dans une chambre obscure* »....

C'est donc par usurpation que ce roi arriva sur le trône et Jayavarman VIII a été certainement assassiné aussi. Sri Indravarman était bouddhiste du hinayana ou Theravada et il fut le premier roi khmer bouddhiste de cette tendance. Son arrivée au pouvoir n'est que le résultat ou l'aboutissement d'un long et grave conflit religieux commencé depuis l'an 1243 avec l'avènement de Jayavarman VIII. Sri Indravarman n'a régné que pendant douze ans jusqu'à l'an 1307. D'après une inscription, il abdiqua et se retira dans un monastère bouddhique au fond de la forêt. L'histoire est exacte si ce n'est que Indrajayavarman (1307-1327) puis Jayavarman IX (1327-1336) ses successeurs sont de purs çivaïtes et il n'est pas exclu qu'il ait été tout simplement tué et enterré justement dans la forêt. Avec ces deux derniers souverains c'était aussi le retour à l'orthodoxie brahmanique, la persécution du bouddhisme du Theravada, la destruction des pagodes de cette tendance et évidemment une guerre civile plus ou moins ouverte jusqu'en 1336.

Finalement il existait au Pays khmer avant 1336 une instabilité politique chronique : un roi bouddhiste prenait la place d'un roi brahmaniste avant d'être chassé à son tour quelques années plus tard. **La religion était la cause principale** mais la motivation des responsables religieux relevait moins du domaine de la foi que d'une recherche banale d'une situation dominante exclusive avec tous les privilèges et avantages matériels liés à cette situation.

Pagode bouddhique du Theravada
du XIXè siècle

III . LA REVOLUTION DE 1336

Dans les différentes tentatives d'installation du bouddhisme à la place du brahmanisme il existe une constance remarquable : on nomme un nouveau roi et on décrète le bouddhisme religion de l'Etat. Et c'est tout. La structure administrative du pays reste inchangée. Le brahmanisme voit certes son rang reculer et surtout ses subventions diminuées mais il continue à exister. En 1296, en plein triomphe du bouddhisme du Theravada, Tcheou Ta Kouan notait « qu'on voit dans la ville des brahmanes avec un cordon de fil blanc autour du cou et ceux qui sont en charge de l'Etat arrivent à de très hautes fonctions ». Auprès du roi, le brahmane purohit à la fois chapelain et conseiller reste en service et chose plus étonnante encore, ce brahmane est toujours le même, c'est-à-dire celui qui avait servi l'ancien roi. Sur le plan individuel il y avait probablement quelques éliminations mais il existe toujours de nombreux brahmanistes dans les différentes administrations. Avec ces faits, ce qui devait arriver arriva, c'est-à-dire au bout de quelques années, les partisans du brahmanisme reprennent le pouvoir et ainsi de suite. En 1336 les partisans du bouddhisme theravada ont retenu les leçons de leur échec en 1295 où le renversement du roi Jayavarman VIII fut suivi en 1307 du retour du brahmanisme. Cette fois en 1336, il ne s'agit plus de changer simplement le roi, mais il s'agit de tout changer : c'est une véritable « Révolution ».

La Révolution de 1336 est radicale. Le brahmanisme, ennemi principal, est éliminé. Tous les brahmanes sont tués même ceux des provinces. Certains arrivent à s'enfuir vers l'Inde, quelques autres ont été recueillis par le roi du Siam à U Thong, celui-ci les considérait comme des gens instruits. C'est pour cette raison qu'on ne trouve plus aujourd'hui de brahmanes au Pays khmer en dehors d'une seule famille attachée au Palais royal comme gardien des attributs de la royauté. D'ailleurs on ne les appelle plus brahmanes mais « **Bakous** ». Ils étaient venus en fait du Siam en 1842, tout comme le bouddhisme de l'ordre Thammayut, dans la suite du roi Ang Duong élevé comme on sait à la Cour de Bangkok. Le bouddhisme du mahayana est le deuxième ennemi. Il fut aussi éliminé. A ce jour il n'y a plus un seul bouddhiste du mahayana au Pays khmer et les Khmers d'aujourd'hui ne savent même plus ce qu'est le bouddhisme du mahayana. Le roi Jayavarman IX a été tué, et avec lui tous les membres de la famille royale et ses alliés. Tous les célèbres « varmans » sont ainsi disparus et actuellement on ne trouve même plus un seul descendant direct ou indirect de cette grande dynastie qui avait régné tout de même sur le Grand Pays khmer durant treize siècles.

La religion primitive des Khmers, c'est-à-dire le culte ancestral de la Mère et du Père ou culte du Mé-Ba symbolisé par le couple « Néang Kâng-Hing et le Crocodile », n'est pas épargnée non plus. Désormais le crocodile devient tout simplement le symbole de la « traîtrise et de l'ingratitude ». Néang Kâng Hing de son côté, a seulement le mérite d'avoir aidé Bouddha dans un combat légendaire contre Mâra (cf. Thach Toan, Histoire des Khmers, p. 60), mais elle devient une divinité tout à fait secondaire. On la représente généralement debout sous le trône sur lequel est assis Bouddha, ce qui est une façon de dire qu'elle lui est nettement inférieure.

La Révolution de 1336 est totale. L'objectif était triple : supprimer totalement tout ce qui est du brahmanisme et du bouddhisme mahayana, effacer de la mémoire des Khmers tout ce qui relève du brahmanisme et du bouddhisme mahayana, empêcher dorénavant les Khmers de connaître un tant soit peu ce qui est du brahmanisme et du bouddhisme mahayana.

Tous les centres religieux ou asrâmas et tous les monuments brahmanistes et bouddhistes mahayana sont occupés par les bonzes et transformés en pagodes ou en refuges. Ceci est même confirmé par les hautes autorités bouddhiques du Theravada du Cambodge (Sin Sovanni)[141]. Dans le célèbre monument Angkor Vat on a installé deux viharas ou temples bouddhiques du Theravada et la statue du roi Sûryavarman II en Visnu au sommet du monument a été jeté simplement dans le vide puis remplacée par une statue de Bouddha. De même la statue de Jayavarman VII était cassée en menus morceaux et jetée dans le puit central du monument le Bayon. Elle a été retrouvée comme on sait en 1933, soit six siècles plus tard par un conservateur d'Angkor du nom de Georges Trouvé.

---

[141] Sin Sovanni, Eksar sravchreav krum chumnum kampi preah tripitaka prates Kampuchea (documents de recherches de la Commission du Tripitaka du Cambodge), éd. Angkor, 2012, p. 13.

Néang Kâng Hing

sous le trône de Bouddha

La langue sanscrite du brahmanisme qui était en même temps langue sacrée, langue officielle et administrative, langue littéraire et scientifique des brahmanistes et des bouddhistes mahayana fut abandonnée et remplacée par le pâli, langue sacrée des bouddhistes du Theravada. Tous les livres furent détruits et les bibliothèques qui étaient présentes partout se retrouvèrent vides. Les collèges, les lycées et universités furent aussi détruits jusqu'au dernier car les enseignants étaient tous des brahmanes. Les noms sanscrits de tous les sites, régions, villes ou villages et les monuments sont remplacés par de nouveaux noms khmers avec ou non une signification. Ainsi Visnuloka devient Angkor Vat et la ville bouddhique du mahayana appelée Bodhisattva devient la ville de Pursat, mot qui n'a strictement aucun sens. Les brahmanes sont appelés non pas brahmanes mais bakous comme on a déjà vu. On se garde bien d'expliquer aux Khmers la signification exacte de certaines cérémonies d'origine brahmanique que le peuple continue à pratiquer, tel ce rite du mariage qui consiste à faire circuler les bougies symbolisant le linga ou Dieu Siva, sept fois autour des jeunes mariés afin d'obtenir la bénédiction divine. Le « bangvel prampil », tel est le nom de ce rite, devint le «por-pil » mot qui n'a aussi aucune signification.

Au bout de six siècles les Khmers ignorent effectivement tout du brahmanisme et du bouddhisme mahayana. Adhémard Leclère[142] écrivait : « *Les faits du passé tombent dans l'oubli le plus profond. On oublie jusqu'aux noms des rois, jusqu'aux noms des cités royales, jusqu'aux faits les plus importants. La langue des inscriptions sanscrites qui n'a jamais été connue du peuple se perd. On finit par ne plus pouvoir lire les inscriptions, par les abandonner quand on ne les jetait pas tout simplement au fond des mares ou des fleuves ...* ». En vérité les Khmers n'ont rien oublié du tout, ils « ignorent » tout, parce qu'on n'a pas voulu qu'ils sachent. Et cela est le résultat efficace de la

---

[142] Adhémard Leclère, *Histoire du Cambodge*, Librairie Paul Geuthner, Paris, 1914, p. 137.

plus vaste entreprise de manipulation mentale, étendue à l'échelle d'un peuple, que l'on a rarement vue à travers le monde.

IV. LA REVOLUTION ET LA SOCIETE KHMERE

La révolution de 1336 modifia-t-elle la société khmère ? Hélas ! Non, en tout cas ce n'était pas en mieux. Il y eut seulement le remplacement du brahmanisme et du bouddhisme mahayana par le bouddhisme theravada. Celui-ci devient désormais seul et exclusif. Bien qu'il n'existe aucun texte religieux ou législatif qui les définit, les quatre classes sociales ou castes que Bouddha avait sévèrement critiquées continuent à exister avec les bonzes, les ksatriyas, les hommes libres et les esclaves.

Les **bonzes** (venant du mot japonais bonzu qui signifie religieux) sont des religieux bouddhiques. Ils sont les plus grands bénéficiaires de la Révolution. Ils sont des personnes sacrées car appartenant au Sangha qui veut dire « communauté des bonzes » ils appartiennent à la Trinité bouddhique : Bouddha, Dharma, Sangha. Ils occupent la classe laissée par les brahmanes avec les mêmes privilèges. Ils ne relèvent pas de la juridiction royale. Ils ont le monopole de l'Enseignement. Il est du devoir des rois et du peuple d'édifier des pagodes c'est-à-dire des monastères bouddhiques. Ces monastères sont habilités à recevoir des dons sous forme de biens divers notamment des terres agricoles. Les esclaves attachés à ces terres ou à la pagode sont appelés « **pol preah** ». Ce sont les équivalents des serfs d'Eglise en France. Les enfants des pol preah, filles ou garçons, sont aussi pol preah et ils ne peuvent en aucune façon quitter cette situation qui doit durer 5000 ans, même à la demande du roi comme c'est le cas de Sdach Kân, un usurpateur (1512-1525) cité notamment par Trân Nghia[143] et

---

[143] Trân Nghia, *Pravoatsastr khmer*, Ed. Angkor, Phnom Penh, 2008 (1ère éd. 1974). p. 192.

Ros Chantrabot[144]. On peut devenir ausi pol preah ou esclaves des bonzes si : on brûle une pagode, on tue un bonze, on vole un objet parmi les 25 biens appelés garuphoand considérés comme les biens des bonzes.

Les **rois** appartiennent à la classe des ksatriyas comme avant la Révolution. Sous le brahmanisme, au dessus du roi il y a les brahmanes puis Dieu. Avec le bouddhisme, les bonzes sont à part et Bouddha n'est pas Dieu, bien qu'on le vénère comme un dieu. Les rois se retrouvent ainsi à la place suprême, c'est-à-dire la place de Dieu. Ils sont des « **Dieux-Rois** » contrairement aux rois dans le système brahmanique. C'est pour cela que leur nom commence toujours par « Preah Bat » ou Saint Pied, car Preah Bat au temps du brahmanisme désigne le pied de dieu. La Constitution qui était le Veda n'existe plus et le roi représente en même temps le législatif et l'exécutif.

Chez **le peuple** il y a des hommes libres et des esclaves bien qu'on ne les appelle plus vaisyas et sûdras. Toutefois, libres ou pas, les Khmers sont obligés dorénavant de dire « *khnom* » à la place de « je » ou « moi ». Khnom veut dire esclave. C'était une manière subreptice et subtile de transformer tout un peuple en esclaves. Les médecins appellent cela la méthode de « l'auto-suggestion ». Auparavant les Khmers disaient « ành ». Les bonzes ne disent pas khnom, ils disent « atmà », mot pâli qui veut dire « moi ». Dans la vie courante, hommes libres et esclaves sont comme avant et rien n'a changé pour eux si ce n'est que les hommes libres se rapprochent effectivement un peu plus des esclaves.

Les femmes khmères voient leur situation complètement dégradée. Avant le brahmanisme elles étaient en situation dominante avec le matriarcat. Avec le brahmanisme elles étaient, sinon supérieures, tout au moins à égalité avec les hommes. Sous le roi Jayavarman VII, la princesse Indradevi

---

[144] Ros Chantrabot, *Preah Sdach Kân*, Ed. Angkor, Phnom Penh, 2007, p. 53.

était « professeur en chef » c'est-à-dire recteur de l'Université des jeunes filles. Avec le bouddhisme du Theravada, elles ne sont plus rien, car elles représentent par elles-mêmes un objet du désir, et le désir est, pour les bouddhistes, la cause de toutes les souffrances humaines qu'il fallait combattre. Depuis cette époque aussi, elles n'ont plus accès à l'éducation car les écoles se trouvent toutes dans les pagodes et leur présence en ces lieux n'est pas compatible avec le voeu de chasteté des bonzes. Elles durent attendre pendant six siècles, pour pouvoir remettre à nouveau les pieds dans une école, cette fois laïque, créée par l'administration coloniale française.

V. LE PAYS KHMER APRES LA REVOLUTION

Parlant de l'expansion du bouddhisme à travers toute l'Asie Will Durant[145] écrivait : « Tout comme le christianisme, c'est hors de son pays d'origine que le bouddhisme a connu ses plus grands triomphes. Ajoutons qu'il les a remportés sans verser une seule goutte de sang ». Tous les auteurs sont unanimes à partager cette opinion et à admirer ce pacifisme. Malheureusement, la révolution bouddhique khmère prouve le contraire. C'est l'exception qui confirme la règle. La révolution a éliminé définitivement deux classes sociales sur quatre, les brahmanes et les ksatriyas et même si ceux-ci ne représentaient que 7 à 10% de la population estimée entre 15 et 20 millions à cette époque, le massacre ressemble étrangement à un génocide.

Les brahmanes étaient par nature des enseignants. Les écoles et les facultés étant réservés par priorité aux enfants des brahmanes, des ksatriyas et des dignitaires proches du pouvoir, rares sont les enfants du peuple qui arrivaient à un haut niveau d'études. Les professeurs, ingénieurs, architectes et autres savants appartenaient tous à la classe des brahmanes et des ksatriyas ou à leurs proches. L'élimination de ces deux classes

---

[145] Will Durant, *Histoire de la Civilisation : Notre héritage oriental*, op. cit., p. 312.

entraîna la disparition de tous les intellectuels[146] en même temps. Les bouddhistes qui manquaient eux-mêmes de cadres ne parvenaient pas à les remplacer et puis les matières d'enseignement ne sont plus les mêmes qu'auparavant. Les matières scientifiques n'existent plus. Il n'y a plus ni droit, ni médecine, ni mathématiques, ni autres sciences. Le but de l'enseignement bouddhique est avant tout de former un bonze ou un bon bouddhiste et nullement un scientifique.

Les conséquences de cette tragédie sont immédiates. L'administration et l'armée sont désorganisées par manque de cadres, surtout si l'on sait que les nominations à cette époque se faisaient toujours parmi les membres de la famille royale ou de ses alliés et que ceux-ci sont maintenant disparus. La situation économique de son côté n'est pas moins catastrophique. Les trois ou quatre récoltes de riz par an citées par Tcheou Ta Kouan dépendent étroitement des barâys, réservoirs ou srahs et autres canaux d'irrigation et le manque d'entretien dû à la disparition des ingénieurs, techniciens et divers agents font qu'elles deviennent largement insuffisantes.

Sur le plan politique et stratégique, la situation du Pays khmer à la fin de la révolution de 1336 était une des plus défavorables. Cette situation n'a pas échappé à la vigilance des dirigeants siamois. En effet, en 1350 le prince de U Thong transféra sa capitale vers Sri Ayutthya où il se fit couronner roi sous le nom de Râma Thibodi. En 1351 il mit le siège devant Angkor qu'il enleva l'année suivante c'est-à-dire en 1352. **Ce fut aussi la première guerre directe entre les Siamois et les Khmers**. Le roi khmer, un descendant du révolutionnaire de 1336, nommé Sri Lompong Reachéa est mort de maladie pendant le siège. Et c'est le grand saccage d'Angkor. Les Siamois emportèrent chez eux, sur 900 charrettes à bœufs, tout

---

[146] En 1975 la Révolution des communistes khmers a tué aussi tous les intellectuels dont les instituteurs, professeurs, médecins, etc. Ils ont vidé toutes les écoles, les facultés et les universités. Ce sont bien de curieuses façons pour les Khmers de faire « progresser » leur Pays.

ce qu'ils pouvaient emporter notamment l'or, l'argent, les tissus brodés et soieries y compris les rideaux, tous les objets précieux, les chevaux, les éléphants, les voitures royales, etc. Ils vidèrent Angkor de tous ses habitants sauf 10000 qu'ils ont gardés pour leur servir sur place et emmenèrent chez eux 100000 Khmers de toutes catégories comme esclaves (A. Leclère). Un fils de Râma Thibodi est laissé sur le trône à Angkor pour l'occupation. **Les barâys et canaux sont abandonnés depuis cette époque car il n'y a plus personne pour s'en occuper, ni les techniciens ni la main d'œuvre la plus ordinaire.**

Ainsi seize ans après la Révolution, le Pays khmer subissait une occupation étrangère[147]. Cette guerre extérieure, ajoutée aux ravages de la Révolution qui a détruit complètement la civilisation angkorienne, réduisit le Pays khmer à néant et on peut même dire que depuis cette date le Pays khmer ne s'est jamais relevé.

VI. LES LEGENDES DE LA REVOLUTION

La Révolution khmère de 1336 mit fin aux règnes des rois « varmans ». La nouvelle dynastie, qui est celle des rois actuels, abandonne définitivement cette terminologie. Comme toute nouvelle dynastie royale, on crée pour elle une légende pour expliquer entre autres, son origine. Si les anciennes dynasties sont fondées selon les légendes par un prince qui s'était marié à une fille du roi des Nâgas habitant dans le fin fond des océans, la nouvelle dynastie fut fondée par un simple habitant de la tribu des « samrés » du nom de Tà Chey couramment appelé **Tà Tràsâk Paèm**. Samré est un terme péjoratif venant du mot Srè

---

[147] Avec la Révolution de 1975, ce fut seulement trois ans huit mois et vingt-et-un jours après que les troupes étrangères envahirent le Pays. En effet les troupes viêtnamiennes occupèrent le Pays khmer dès le 7 Janvier 1979.

qui signifie rizière, et samré veut dire paysan. Voici une version de cette légende :

« Il y a bien longtemps de cela vivait à la lisière d'une grande forêt une fille très modeste mais charmante et jolie. Sa maison ressemblait bien plus à une cabane qu'à une grande demeure. Un jour, alors qu'elle était en train d'étendre son linge dans son jardin, un rishi ou saint ermite passa devant sa maison. A la vue de cette fille si gracieuse, le rishi sentit un émoi monter en lui, et éprouva une bien étrange sensation. Au même moment la fille sentit un agréable frisson qui traverse tout son corps. L'ermite disparut lentement dans la forêt. La fille devint enceinte et accoucha d'un garçon qu'elle nomma Chey qui signifie victoire.

La vie n'était pas toujours facile pour elle et son fils. Un jour elle l'envoya chercher du bois pour le chauffage dans la forêt. Chey tomba sans le vouloir sur l'asrâma, c'est-à-dire le refuge de l'ermite. Celui-ci, qui l'attendait en fait, lui donna quelques graines de « trasâk paèm » ou concombre sucré en lui recommandant de les cultiver afin d'obtenir des fruits, ce qui permettra de subvenir à ses besoins et à ceux de sa mère. L'ermite lui donna aussi une lance comme arme pour la surveillance de son potager contre un voleur éventuel.

Chey plantait ses concombres. Les fruits étaient vraiment très savoureux et sucrés. Chey et sa mère étaient fiers d'en offrir un au roi. Celui-ci, du nom de Preah Bat Sihanouk Moha Réachéathireach Ramathipadey, fut très satisfait après avoir goûté au fruit miraculeux. Il demanda à Chey de garder toutes les récoltes pour lui, et recommanda à celui-ci de bien surveiller son potager. Quelques temps après, au cours d'une nuit sombre, pour tester la vigilance de Chey, le roi accompagné de deux gardes féminines[148] ou mohat-lèk, entra subrepticement dans le

---

[148] Par tradition matriarcale, les rois khmers sont considérés comme des personnes féminines. Ils utilisent un vocabulaire féminin. C'est pour cette raison que la garde personnelle des rois d'Angkor est composée uniquement de personnes féminines. Il est normal que les

jardin. Chey, décidé à bien surveiller les concombres, vit une ombre furtive et lança alors sa lance qui transperça le roi.

Le roi était mort. Tout le monde conclut à un accident. On transporta le corps du roi au palais royal pour des grandes funérailles. Après la cérémonie, la Cour se réunit pour choisir un nouveau roi. Tous les princes et autres gens qui étaient aptes à devenir roi furent rassemblés dans la cour d'honneur. Le public était venu nombreux aussi, pour assister à cet événement important. Chey était dans la foule parmi les curieux. On fit passer un éléphant blanc qui partit à la recherche du futur roi. L'éléphant royal traversa tout le parterre des princes et autres grands dignitaires sans s'arrêter. Au grand étonnement de la Cour, il continua son chemin vers le parterre du public. Devant Chey, il s'agenouilla sur ses deux pattes de devant, le saisit par sa trompe et le mit sur sa tête. L'éléphant royal revint ensuite au milieu de la Cour et tout le monde de s'agenouiller et de toucher la terre du front pour saluer Chey.

Chey fut proclamé roi. Il épousa ensuite la fille du roi défunt pour s'assurer de la légitimité. Depuis cette époque on l'appelle Tà Chey ou Messire Chey (Tà ici ne signifie pas vieux) et aussi Tà Trasâk Paèm ou « **Messire aux concombres sucrés** » mais son nom de règne est Preah samdech preah borom baupit thammika moha réachéathiréach. La reine a reçu le nom et le titre de Preah Moha Ksatri Samdech preah Phéakéavati Sri Chandara ».

Epilogue : Certains disent que toute cette histoire était programmée par le Rishi ou ascète en faveur de son « fils » Chey pour qu'il devienne roi. La lance est magique et atteint son but de manière infaillible, indépendamment de l'adresse du lanceur. Cette lance est devenue un objet sacré, un attribut de la royauté khmère, et elle est encore conservée aujourd'hui au palais royal de Phnom Penh.

---

femmes, dont le roi, vivent avec les femmes. En 1296, d'après Tcheou Ta Kouan, cette garde se composait de 400 jeunes filles.

BIBLIOGRAPHIE

Abel Rémusat, *Description du Cambodge par un voyageur chinois qui a visité cette contrée à la fin du XIIIè siècle*, Texte traduit du chinois, Imp. de J. Smith. Paris, 1819.

A. Dauphin-Meunier, *Histoire du Cambodge*, PUF., Paris, 1961.

Adhémard Leclère, *Histoire du Cambodge : Depuis le 1er siècle de notre ère*. Lib. Paul Geuthner, Paris, 1914 (réimp. AMS Press Inc. New York, 1975).

Alain Daniélou, *Histoire de l'Inde*, Fayard, Paris, 2005.

Alain Forest, *Le culte des Génies protecteurs au Cambodge*, L'Harmattan, Paris, 1992.

Bernard Baudoin, *Le Bouddhisme*, De Vecchi, Paris, 1995.

Bernard Baudouin, *Le Védisme*, De Vecchi, Paris, 1997.

Bruno Dagens, *Les Khmers*, Les Belles Lettres, Paris, 2003.

Chhem Kieth Rethy, *La médecine angkorienne sous Jayavarman VII.*, CR. des Séances de l'Académie des Inscriptions et Belles Lettres, Paris, 2006.

Claude Jacques et Michaël Freeman, *Angkor : Résidences des dieux*, Editions Olizane, Genève, 1992.

Etienne Aymonier, *Cambodge : le royaume actuel,* Ed. Ernest Leroux, Paris, 1900.

Etienne Aymonier, *Le Cambodge*, Ed. Ernest Leroux, Paris, 1904.

Galimard, Ed., *Le grand guide de l'Inde*, Paris, 1988

Georges Coedès et Pierre Dupont, *Les stèles de Sdok Kak Thom : Phnom Sandak et de Preah Vihear*, Bulletin de l'EFEO, Tome XLIII, Hànôi, 1943.

Georges Coedès, *Inscriptions du Cambodge*, T. IV., Paris

Georges Coedès, *La stèle de Prah Khan d'Angkor*, BEFEO, 1941, Tome 41.

Georges Coedès, *La stèle de Ta Prohm*, BEFEO. Tome 6, 1906.

Georges Coedès, *Les Etats hindouisés d'Indochine et d'Indonésie*, De Boccard, Paris, 1989 (1ère éd. 1948).

Georges Coedès, *Pour mieux comprendre Angkor*, Adrien Maisonneuve, Paris, 1949.

Georges Coedès, *Recueil des inscriptions du Siam*, vol I., Paris.

Goerges Coedès, *Nouvelles données chronologiques et généalogiques sur la dynastie de Mahidharapura*, BEFEO. T. XXIX.

Georges Maspéro, *Say Fong : une ville morte*, BEFEO. 1903, vol 3.

Henri Marchal, *Angkor : Collection Les hauts lieux de l'Histoire*, Ed. Albert Guillot, Paris, 1955.

Henri Mouhot, *Voyage dans les royaumes de Siam, du Cambodge, de Laos*, 1ère édition (1868), Edit. Olizane, Genève, 1999.

Hermann Oldenberg, *Bouddha : vie et religion*, Ed. Jean de Bonnot, Paris, 1998.

Institut bouddhique : *Dictionnaire cambodgien*, Edition de l'Institut Bouddhique, Phnom Penh, 1967.

Jean Varenne, *Le Tantrisme*, Ed. Albin Michel, Paris, 1997.

Joseph Masson, *Le Bouddhisme*, Desclée de Brouwer, 1975.

Louis Finot, *Inscriptions de My Son*, BEFEO, XV, 2.

Louis Finot, *L'inscription de Sdok Koh Thom*, BEFEO, XV, 2.

Louis Finot, *L'inscrition sanscrite de Say Fong*, BEFEO. Tome 3, 1903.

Louis Finot, *Le Temple d'Içvarapura*, Mém. Arch. BEFEO. T 1.

Louis Finot, *Les inscriptions de My-Son*, BEFEO. T. IV.

Maurice Glaize, *Les monuments du groupe d'Angkor*, Librairie d'Amérique et d'Orient. Adrien Maisonneuve, Paris, 1963.

Michel Angot, *L'Inde classique*, Ed. Les belles Lettres, Paris, 2002.

Michel Jacq-Hergoualc'h, *Le Siam*, Ed. Les belles Lettres, Paris, 2004.

Norodom Malika, *Pongsavada Pratés Kampuchéa*, Edition du Ministère de l'Education Nationale du Cambodge, 1952.

Paul Pelliot, in Tcheou Ta Kouan, *Mémoires sur les coutumes du Cambodge*, Lib. d'Amérique et d'Orient. Jean Maisonneuve, Paris, 1997 (1ère édit. 1951).

Paul Pelliot, *Mémoires sur les coutumes du Cambodge*, BEFEO, II.

Pierre Huard et Maurice Durand, *Connaissance du Viêtnam*, EFEO Paris, 2002 réimp.

Pierre Simon de Laplace, *Oeuvres complètes,* publiées sous les auspices de l'Académie des Sciences, 14 volumes, Paris 1878-1912.

Ros Chantrabot, *Preah Sdach Kân*, Ed. Angkor, Phnom Penh, 2007.

Saveros Pou, *Les noms des monuments khmers*, BEFEO, 1991, vol. 78.

Shri Aurobindo, *La Bhagavad-Gîtâ*, Albin Michel, Paris, 1970.

Sin Sovanni, Eksà srav chhreav krum chumnum kampi Preah Tripitaka pratès Kampuchéa, Ed. Angkor, Phnom-Penh, 2012.

Tcheou Ta Kouan, *Mémoires sur les coutumes du Cambodge*, Texte traduit par Paul Pelliot, Lib. d'Amérique et d'Orient. Adrien Maisonneuve, Paris, 1997 (1ère éd. 1951).

Thach Toan, *Histoire des Khmers*, L'Harmattan, Paris, 2009.

Trân Nghia, *Pravoatsastr khmer*, Ed. Angkor, Phnom Penh, 2008 (1ère éd. 1974).

Will Durant, *Histoire de la Civilisation* : *Notre héritage oriental*, T II. Ed. Rencontre, Suisse, 1962.

Xavier Galland, *Histoire de la Thaïlande*, PUF., Paris, 1998.

TABLE DES MATIERES

Avant-propos……………………………………….. 9

Chapitres

1 : Les Khmers et l'Inde……………………….. 13
2 : Les religions hindoues au Pays khmer………........ 19
3 : Cultes hindouistes et Monuments d'Angkor……. 37
4 : Le Nâga et les Khmers………………………….. 47
5 : Régime politique khmer du Ier au XIVe Siècle…. 59
6 : Empire khmer ou Maha Nokor khmer………….. 63
7 : Le Culte du Dieu-Roi………………………........ 75
8 : Yasovarman Ier (889-908) : Roi des Rois……... 87
9 : Jayavarman VII ou le Temps de la Victoire…….. 99
10 : Le Bayon……………………………………….. 121
11 : Universités khmères et Universités hindoues …… 131
12 : Les Hôpitaux de Jayavarman VII……………….. 141
13 : La Stèle de Say Fong……………………………. 151
14 : Les Khmers et le Siam…………………………... 159
15 : Indravarman II et la Perte de Sukhôtai………….. 173
16 : Le Roi Jayavarman VIII et la Perte du Siam……. 181
17 : La Révolution bouddhique khmère de 1336……. 195
Bibliographie……………………………………… 215

Si on veut connaître l'Histoire d'un Pays
il faut bien connaître sa religion

REMERCIEMENTS

Nous remercions vivement :

M. Bernard Hamel, journaliste et écrivain qui a connu parfaitement le Pays khmer pour y avoir vécu et qui nous a donné de très précieux conseils pour la réalisation de ce livre.

M. Ramoin Philippe, professeur à l'Université de Nice Sophia-Antipolis (France) qui a bien voulu nous aider à la finition de ce livre.

M. Hang Thearonn, chercheur de l'Académie Royale du Cambodge pour son aide efficace dans la mise en page numérisée et la présentation de notre ouvrage.

APSARA

*****

L'Harmattan, Italia
Via Degli Artisti 15; 10124 Torino

L'Harmattan Hongrie
Könyvesbolt ; Kossuth L. u. 14-16
1053 Budapest

Espace L'Harmattan Kinshasa
Faculté des Sciences sociales,
politiques et administratives
BP243, KIN XI
Université de Kinshasa

L'Harmattan Congo
67, av. E. P. Lumumba
Bât. – Congo Pharmacie (Bib. Nat.)
BP2874 Brazzaville
harmattan.congo@yahoo.fr

L'Harmattan Guinée
Almamya Rue KA 028, en face du restaurant Le Cèdre
OKB agency BP 3470 Conakry
(00224) 60 20 85 08
harmattanguinee@yahoo.fr

L'Harmattan Cameroun
BP 11486
Face à la SNI, immeuble Don Bosco
Yaoundé
(00237) 99 76 61 66
harmattancam@yahoo.fr

L'Harmattan Côte d'Ivoire
Résidence Karl / cité des arts
Abidjan-Cocody 03 BP 1588 Abidjan 03
(00225) 05 77 87 31
etien_nda@yahoo.fr

L'Harmattan Mauritanie
Espace El Kettab du livre francophone
N° 472 avenue du Palais des Congrès
BP 316 Nouakchott
(00222) 63 25 980

L'Harmattan Sénégal
« Villa Rose », rue de Diourbel X G, Point E
BP 45034 Dakar FANN
(00221) 33 825 98 58 / 77 242 25 08
senharmattan@gmail.com

L'Harmattan Togo
1771, Bd du 13 janvier
BP 414 Lomé
Tél : 00 228 2201792
gerry@taama.net

638248 - Janvier 2016
Achevé d'imprimer par